AF178582

INHALTSVERZEICHNIS

Reelle Zahlen

A Quadratwurzeln

▪ Wird eine Zahl mit sich selbst multipliziert, spricht man vom **Quadrieren** der Zahl.

$$8^2 = 8 \cdot 8 = 64 \qquad 11^2 = 11 \cdot 11 = 121 \qquad a^2 = a \cdot a$$

▪ Beachte: $(-5)^2 \neq -5^2$, weil
$(-5)^2 = (-5) \cdot (-5) = 25$ … das **Minus** wird **mitquadriert**!
$-5^2 = -5 \cdot 5 = -25$ … das **Minus** wird **nicht mitquadriert**!

▪ Brüche werden quadriert, indem man den Zähler und den Nenner quadriert.

$$\left(\frac{3}{4}\right)^2 = \frac{3}{4} \cdot \frac{3}{4} = \frac{3 \cdot 3}{4 \cdot 4} = \frac{3^2}{4^2} = \frac{9}{16}$$

▪ Produkte werde quadriert, indem man jeden Faktor quadriert.

$$(6 \cdot a \cdot b)^2 = (6 \cdot a \cdot b) \cdot (6 \cdot a \cdot b) = 36 \cdot a^2 \cdot b^2$$

▪ (Quadrat-)**Wurzelziehen**: Es wird eine positive Zahl gesucht, deren Quadrat die gegebene Zahl ist.

$$\sqrt{81} = 9, \text{ denn } 9^2 = 81$$
$$\sqrt{\frac{16}{49}} = \frac{4}{7}, \text{ denn } \left(\frac{4}{7}\right)^2 = \frac{16}{49}$$
$$\sqrt{100 \cdot x^2} = 100 \cdot x, \text{ denn } (10 \cdot x)^2 = 100 \cdot x^2$$

▪ Das Quadratwurzelziehen ist die **Umkehrung** des Quadrierens.

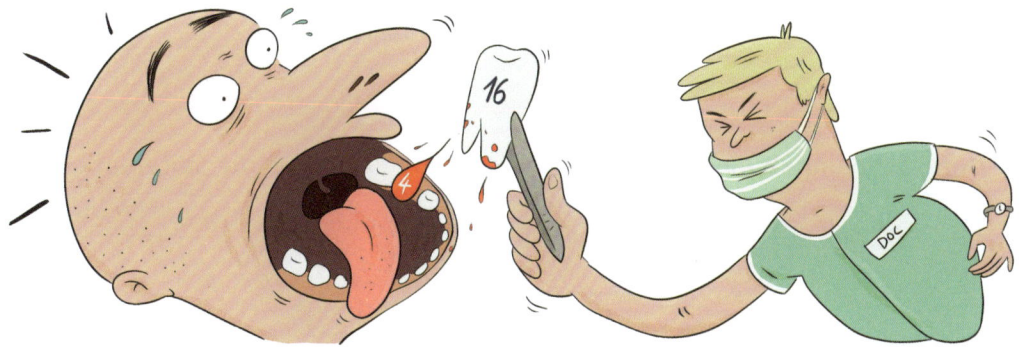

Wissen

1

Üben

1 Quadriere die Zahl.

✱ **a)** 11 _____

b) 20 _____

c) 30 _____

d) −6 _____

e) $-\frac{1}{5}$ _____

f) $-\frac{8}{11}$ _____

2 Ziehe die Quadratwurzel.

✱ **a)** 100 _____

b) 25 _____

c) 64 _____

d) 144 _____

e) 324 _____

f) 225 _____

3 Schreibe die Zahl als Quadratwurzel.

✱

$12 \quad \rightarrow \quad 12^2 = 144 \quad \rightarrow \quad 12 = \sqrt{144}$

a) 4 _____

b) 12 _____

c) 30 _____

d) 0,5 _____

e) $\frac{2}{9}$ _____

f) $\frac{2}{11}$ _____

4 Begründe den Rechenschritt.

✱

$\sqrt{441} = 21,\ weil\ 21^2 = 441$

a) $\sqrt{289} =$ _____

b) $\sqrt{625} =$ _____

c) $\sqrt{1\,600} =$ _____

d) $\sqrt{38,44} =$ _____

e) $\sqrt{13,69} =$ _____

f) $\sqrt{98,01} =$ _____

5 Der Flächeninhalt eines Quadrats ist gegeben. Bestimme die Seitenlänge a.

✱
✱ **a)** $A = 256\ \text{cm}^2$; $a =$ _____

b) $A = 1\,089\ \text{cm}^2$; $a =$ _____

c) $A = 1\,681\ \text{cm}^2$; $a =$ _____

d) $A = 34,81\ \text{cm}^2$; $a =$ _____

e) $A = x\ \text{cm}^2$; $a =$ _____

f) $A = y^2\ \text{cm}^2$; $a =$ _____

© VERITAS Verlag Linz. – Durchstarten Mathematik 4. Klasse Mittelschule/AHS. Lernhilfe

B Irrationale Zahlen

- Es gibt Zahlen, bei denen man nicht so leicht die Quadratwurzel ermitteln kann: $\sqrt{3}$ = ? Welche Zahl ergibt, wenn man sie mit sich selbst quadriert, 3?

- Die gesuchte Zahl kann abgeschätzt werden:

$1^2 = 1 < 3$ und $2^2 = 4 > 3$, d. h. $\sqrt{3}$ liegt zwischen 1 und 2.

$1 < \sqrt{3} < 2$ *Probiere der Reihe nach $1,1^2$, $1,2^2$, ..., $1,9^2$*

                $1,7^2 = 2,89 < 3$ und $1,8^2 = 3,24 > 3$

$1,7 < \sqrt{3} < 1,8$ *Probiere der Reihe nach $1,71^2$, $1,72^2$, ..., $1,79^2$*

                $1,73^2 = 2,9929 < 3$ und $1,74^2 = 3,0276 > 3$

$1,73 < \sqrt{3} < 1,74$ *usw.*

- Dieses Verfahren kann man unendlich fortsetzen! Für $\sqrt{3}$ kann daher kein ganz exakter Wert angegeben werden.

  Mit dem Taschenrechner erhalt man: $\sqrt{3} = 1,7320508075 \ldots \approx 1,732$

- $\sqrt{3}$ ist eine unendliche, nicht periodische Dezimalzahl.

REGEL

Unendliche, nicht periodische Dezimalzahlen heißen **irrationale Zahlen (I)**.

- Irrationale Zahlen können beliebig genau eingegrenzt werden. Es können daher nur Näherungswerte angegeben werden.

Irre, diese irrationalen Zahlen!

---

6 ✳✳ Gib zwei aufeinanderfolgende natürliche Zahlen an, zwischen denen die Quadratwurzel der Zahl liegt.

> $2 < \sqrt{7} < 3$, weil $2^2 < 7 < 3^2$

a) $\sqrt{5}$ _____

b) $\sqrt{10}$ _____

c) $\sqrt{31}$ _____

d) $\sqrt{40}$ _____

e) $\sqrt{90}$ _____

f) $\sqrt{111}$ _____

7 ✳✳ Grenze den Wert für $\sqrt{2}$ ein. Ergänze den Text.

$1^2 =$ _____ < 2 und $2^2 =$ _____ > 2, d. h., $\sqrt{2}$ liegt zwischen _____ und _____.

_____ $< \sqrt{2} <$ _____ Probiere jetzt der Reihe nach $1{,}0^2$ $1{,}1^2$ … $1{,}9^2$

Du erkennst: $1{,}4^2 =$ _____ < 2 und $1{,}5^2 =$ _____ > 2

_____ $< \sqrt{2} <$ _____ Probiere jetzt der Reihe nach $1{,}40^2$ $1{,}41^2$ … $1{,}49^2$

Du erkennst: _____$^2 = 1{,}9881 < 2$ und _____$^2 = 2{,}0164 > 2$

_____ $< \sqrt{2} <$ _____ Probiere jetzt der Reihe nach $1{,}410^2$ $1{,}411^2$ … $1{,}419^2$

Du erkennst: _____$^2 = 1{,}9994 < 2$ und _____$^2 = 2{,}00223 > 2$

$1{,}$_____ $< \sqrt{2} < 1{,}$_____

 8 ✳✳ Grenze den Wert der Wurzel mit dem Verfahren aus Aufgabe 7 ein. Wende das Verfahren viermal an.

a) $\sqrt{12}$ b) $\sqrt{29}$ c) $\sqrt{55}$ d) $\sqrt{202}$

9 ✳ Begründe, warum der Wurzelwert nicht irrational ist.

> $\sqrt{1{,}44}$ ist keine irrationale Zahl, weil $1{,}2$ eine endliche Dezimalzahl ist.

a) $\sqrt{29{,}16} =$ _____

b) $\sqrt{129{,}96} =$ _____

c) $\sqrt{0{,}7225} =$ _____

C Die reellen Zahlen

- Fügt man einer Zahlenmenge bestimmte weitere Zahlen hinzu, entsteht eine neue Zahlenmenge:

Natürliche Zahlen ℕ

↓

negative Zahlen dazu

↓

ganze Zahlen ℤ

↓

Brüche mit ganzzahligen Zählern und Nennern dazu

↓

Rationale Zahlen ℚ

REGEL

Die rationalen Zahlen ℚ bilden zusammen mit den irrationalen Zahlen 𝕀 die **Menge der reellen Zahlen ℝ**.

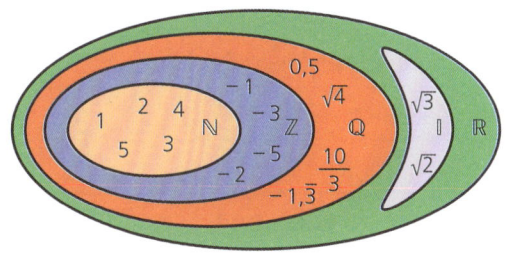

4 liegt in der Menge ℕ.
Daher liegt 4 auch in den Mengen ℤ, ℚ und ℝ.

– 1 liegt in der Menge _____ .
Daher liegt – 1 auch in den Mengen _____ .

$\frac{1}{2}$ liegt in der Menge _____ .
Daher liegt $\frac{1}{2}$ auch in der Menge _____ .

- Zu jedem Punkt auf der Zahlengeraden gehört eine reelle Zahl.
  Die reellen Zahlen füllen die Zahlengerade ohne Lücke (**kontinuierlich**) aus.

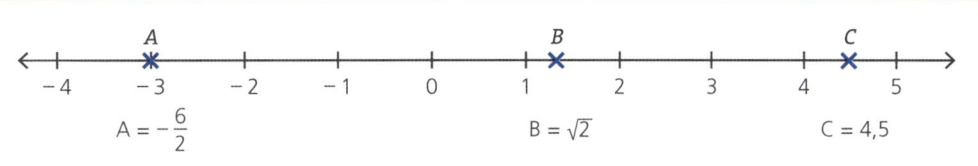

10 Zu welcher Zahlenmenge bzw. welchen Zahlenmengen gehört die Zahl?
Verwende das Zeichen ∈ für „gehört zur Menge" bzw. das Zeichen ∉ für „gehört nicht zur Menge".

	5	−1,2	$\sqrt{100}$	$4\frac{2}{3}$	$0,\dot{8}$	0	$\sqrt{31}$	−43	$-\frac{6}{7}$
ℕ									
ℤ									
ℚ									
𝕀									
ℝ									

11 Kreuze an, ob die Aussagen richtig oder falsch sind.

	richtig	falsch
Jede irrationale Zahl ist auch eine reelle Zahl.	☐	☐
Jede ganze Zahl ist auch eine rationale Zahl.	☐	☐
Jede reelle Zahl ist auch eine irrationale Zahl.	☐	☐
Eine ganze Zahl kann natürlich sein.	☐	☐
Jede ganze Zahl ist eine natürliche Zahl.	☐	☐
Es gibt rationale Zahlen, die natürlich sind.	☐	☐

12 Kreuze an, ob die Aussagen richtig oder falsch sind.

	richtig	falsch
Die Zahl 11 gehört zu den rationalen Zahlen, da man sie als Bruch schreiben kann.	☐	☐
Es gibt eine größte positive rationale Zahl.	☐	☐
$\sqrt{16,81}$ ist eine irrationale Zahl.	☐	☐
Der Quotient von zwei natürlichen Zahlen ist immer eine natürliche Zahl.	☐	☐
Die Differenz von zwei reellen Zahlen ist immer eine reelle Zahl.	☐	☐
Jede periodische Dezimalzahl ist eine rationale Zahl.	☐	☐
$\frac{\sqrt{2}}{2}$ ist eine irrationale Zahl.	☐	☐
Eine unendliche nicht periodische Dezimalzahl kann als Bruch dargestellt werden.	☐	☐

13 Erkläre, welche reelle Zahl auf der Zahlengeraden dargestellt ist.

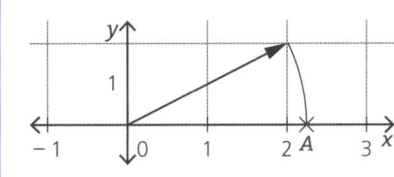 Es ist die Zahl $\sqrt{5}$ dargestellt, da nach dem Satz von Pythagoras gilt:

$$2^2 + 1^2 = x^2 \rightarrow x = \sqrt{5}$$

a)

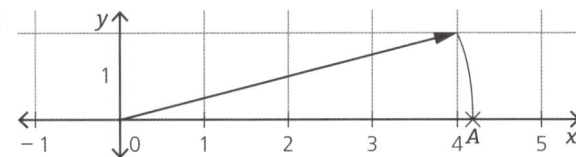

_____

b)

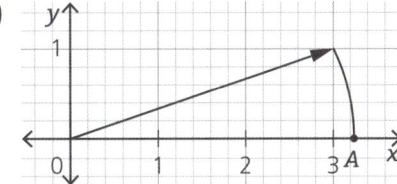

_____

14 Stelle die reellen Zahlen auf der Zahlengeraden dar.

a) $A = -4$ $\qquad$ $B = -0{,}5$ $\qquad$ $C = \dfrac{10}{2}$ $\qquad$ $D = \sqrt{17}$

$$\longleftarrow \;|\;|\;|\;|\;|\;|\;|\;|\;|\;|\;|\;|\;|\;|\;|\;|\;|\;|\;|\;|\;|\;|\;|\;|\;|\;|\;|\;|\;|\;|\;|\;|\;|\;|\;|\;|\;\longrightarrow$$

$\quad\quad -4 \qquad -3 \qquad -2 \qquad -1 \qquad 0 \qquad 1 \qquad 2 \qquad 3 \qquad 4 \qquad 5$

b) $A = -\sqrt{10}$ $\qquad$ $B = -1{,}2$ $\qquad$ $C = \sqrt{2}$ $\qquad$ $D = 4$

$$\longleftarrow \;|\;|\;|\;|\;|\;|\;|\;|\;|\;|\;|\;|\;|\;|\;|\;|\;|\;|\;|\;|\;|\;|\;|\;|\;|\;|\;|\;|\;|\;|\;|\;|\;|\;|\;|\;|\;\longrightarrow$$

$\quad\quad -4 \qquad -3 \qquad -2 \qquad -1 \qquad 0 \qquad 1 \qquad 2 \qquad 3 \qquad 4 \qquad 5$

D **Rechenregeln für Quadratwurzeln**

Ergänze die Tabelle. Was fällt auf?

a	b	$\sqrt{a \cdot b}$	$\sqrt{a} \cdot \sqrt{b}$
16	4		
4	9		
25	1		

■ Die Quadratwurzel eines Produkts ist gleich dem Produkt der Quadratwurzeln der Faktoren.

$$\sqrt{a \cdot b} = \sqrt{a} \cdot \sqrt{b}$$

Ergänze die Tabelle. Was fällt dir auf?

a	b	$\sqrt{\dfrac{a}{b}}$	$\dfrac{\sqrt{a}}{\sqrt{b}}$
16	4		
81	9		
25	100		

▪ Die Quadratwurzel eines Quotienten ist gleich dem Quotienten der Quadratwurzeln von Zähler und Nenner.

$$\sqrt{\frac{a}{b}} = \frac{\sqrt{a}}{\sqrt{b}}$$

Vereinfache. Hebe zuerst den gemeinsamen Faktor heraus.

$$5\sqrt{6} + 8\sqrt{6} - 11\sqrt{6} - 4\sqrt{6} = \sqrt{6} \cdot (5 + 8 - 11 - 4) = \sqrt{6} \cdot (-2) = -2 \cdot \sqrt{6}$$

Gleiche Quadratwurzeln dürfen **addiert** und **subtrahiert** werden. Die Wurzel bleibt unverändert.

15 Berechne unter Verwendung der entsprechenden Rechenregel.

a) $\sqrt{49 \cdot 9} =$ _____

b) $\sqrt{25 \cdot 81} =$ _____

c) $\sqrt{9 \cdot 16 \cdot 36} =$ _____

d) $\sqrt{\dfrac{100}{16}} =$ _____

e) $\sqrt{\dfrac{4}{64}} =$ _____

f) $\sqrt{\dfrac{9}{144}} =$ _____

16 Vereinfache die Rechenausdrücke.

$$\sqrt{1{,}44 \cdot x^2 \cdot y^2} = \sqrt{1{,}44} \cdot \sqrt{x^2} \cdot \sqrt{y^2} = 1{,}2 \cdot x \cdot y; \quad \sqrt{\dfrac{x^2}{169}} = \dfrac{\sqrt{x^2}}{\sqrt{169}} = \dfrac{x}{13}$$

a) $\sqrt{0{,}64 \cdot x^2} =$ _____

b) $\sqrt{2{,}89 \cdot y^2} =$ _____

c) $\sqrt{\dfrac{9 \cdot x^2}{225}} =$ _____

d) $\sqrt{\dfrac{x^2 \cdot y^2 \cdot z^2}{100 \cdot a^2}} =$ _____

17 Vereinfache durch Zusammenfassen.

a) $-2\sqrt{3} + 8\sqrt{3} =$ _____

b) $\sqrt{6} - 2\sqrt{6} + 7\sqrt{6} =$ _____

c) $-\sqrt{x} + 2\sqrt{x} - 3\sqrt{x} + 5\sqrt{x} =$ _____

d) $5\sqrt{y} + 8\sqrt{x} - 11\sqrt{y} - 4\sqrt{x} =$ _____

E ## Einen Faktor unter die Wurzel bringen / Teilweises Wurzelziehen

- Stehen vor einer Quadratwurzel **Faktoren**, können diese nach dem **Quadrieren unter die Wurzel** geschrieben werden.

$$3 \cdot \sqrt{5} = \sqrt{3^2 \cdot 5} = \sqrt{9 \cdot 5} = \sqrt{45}$$

$$2 \cdot \sqrt{6} = \sqrt{\underline{} \cdot 6} = \sqrt{\underline{} \cdot 6} = \sqrt{\underline{}}$$

$$9 \cdot x \cdot \sqrt{3} = \sqrt{9^2 \cdot \underline{} \cdot \underline{}} = \sqrt{\underline{} \cdot x^2}$$

Wissen

Üben

Das **teilweise Wurzelziehen** ist die Umkehrung des gezeigten Verfahrens:

1. Die Zahl unter der Wurzel so in ein Produkt zerlegen, dass ein Faktor, wenn möglich, eine möglichst große Quadratzahl ist, d. h., $1^2 = 1$, $2^2 = 4$, $3^2 = 9$ usw.

2. Aus der Quadratzahl die Wurzel ziehen. Die übrigen Faktoren bleiben unter der Wurzel stehen.

> *Vereinfache durch teilweises Wurzelziehen.*
>
> $\sqrt{18} = \sqrt{9 \cdot 2} = \sqrt{9} \cdot \sqrt{2} = 3 \cdot \sqrt{2}$
>
> $\sqrt{12} = \sqrt{\underline{} \cdot 3} = \sqrt{\underline{}} \cdot \sqrt{3} = \underline{} \cdot \sqrt{3}$
>
> $\sqrt{75} = \sqrt{\underline{} \cdot 3} = \sqrt{\underline{}} \cdot \sqrt{\underline{}} = \underline{} \cdot \sqrt{\underline{}}$

Auch Variablen können unter der Wurzel stehen.

> *Vereinfache durch teilweises Wurzelziehen.*
>
> $\sqrt{72 \cdot x^2} = \sqrt{36 \cdot 2 \cdot x^2} = \sqrt{36} \cdot \sqrt{x^2} \cdot \sqrt{2} = 6 \cdot x \cdot \sqrt{2}$
>
> $\sqrt{20 \cdot x^2 \cdot y} = \sqrt{4 \cdot \underline{} \cdot x^2 \cdot y} = \sqrt{4} \cdot \sqrt{x^2} \cdot \sqrt{\underline{} \cdot y} =$
>
> $\qquad = \underline{} \cdot \underline{} \cdot \sqrt{\underline{} \cdot y}$
>
> $\sqrt{49 \cdot a \cdot b^2} = \sqrt{\underline{}} \cdot \sqrt{\underline{}} \cdot \sqrt{a} = \underline{} \cdot b \cdot \sqrt{a}$

Wissen

Üben

---

18 **Bringe den Faktor / die Faktoren vor der Wurzel unter das Wurzelzeichen.**

✳

a) $4 \cdot \sqrt{7} = \underline{\hspace{3cm}}$　　**c)** $x \cdot \sqrt{3} = \underline{\hspace{3cm}}$

b) $8 \cdot \sqrt{2} = \underline{\hspace{3cm}}$　　**d)** $3 \cdot y \cdot \sqrt{7} = \underline{\hspace{3cm}}$

19 **Ziehe teilweise die Wurzel.**

✳
✳

a) $\sqrt{44} = \underline{\hspace{3cm}}$　　**d)** $\sqrt{25 \cdot a} = \underline{\hspace{3cm}}$

b) $\sqrt{45} = \underline{\hspace{3cm}}$　　**e)** $\sqrt{3 \cdot x^2 \cdot y} = \underline{\hspace{3cm}}$

c) $\sqrt{52} = \underline{\hspace{3cm}}$　　**f)** $\sqrt{x^2 \cdot y \cdot z^2} = \underline{\hspace{3cm}}$

F Kubikwurzeln

- Will man das Volumen eines Würfels mit der Kantenlänge a berechnen, muss man **kubieren** („hoch drei rechnen"), d.h.,
  $$V = a \cdot a \cdot a = a^3$$

- Kennt man das Volumen V eines Würfels und möchte daraus die Kantenlänge a berechnen, muss man die **Kubikwurzel** ziehen, d.h.,
  $$a = \sqrt[3]{V}$$

TIPP

Das Kubikwurzelziehen ist die Umkehrung des Kubierens.

Bestimme die Kantenlänge a eines Würfels mit dem Volumen

$V = 1{,}782\ dm^3$

Es gilt: $a = \sqrt[3]{1{,}782\ dm^3} = 1{,}2\ dm$, weil $1{,}2^3 = 1{,}782$ ist.

---

20 Berechne die Kantenlänge a des Würfels mit dem Volumen V.

a) $V = 1\,331\ cm^3$ $a =$ _____   **c)** $V = 91{,}125\ cm^3$ $a =$ _____

b) $V = 19\,683\ cm^3$ $a =$ _____   **d)** $V = 50{,}653\ cm^3$ $a =$ _____

21 Ergänze.

a) $a = 8$ $a^3 =$ _____ $\sqrt[3]{a^3} =$ _____ $\sqrt[3]{a} =$ _____ $(\sqrt[3]{a})^3 =$ _____

b) $a = 64$ $a^3 =$ _____ $\sqrt[3]{a^3} =$ _____ $\sqrt[3]{a} =$ _____ $(\sqrt[3]{a})^3 =$ _____

TEST

Online-Test
Finde heraus, ob du das Thema dieses Kapitels schon drauf hast. Einfach QR-Code scannen und los geht's!

Wissen

Üben

Wissen

Die Satzgruppe von Pythagoras

A Der Satz von Pythagoras

- Teilt man ein Rechteck der Diagonale entlang in zwei gleich große Teile, entstehen zwei deckungsgleiche (kongruente) **rechtwinklige Dreiecke**:

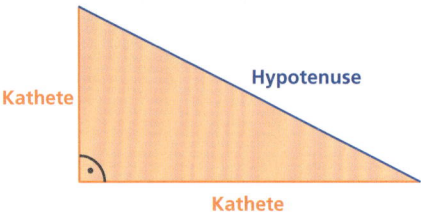

Kathete   Hypotenuse   Kathete

- Die Seiten des Dreiecks, die den rechten Winkel bilden, heißen **Katheten**, die längste Seite (gegenüber des rechten Winkels) heißt **Hypotenuse**.

- In jedem rechtwinkligen Dreieck gilt der **Lehrsatz des Pythagoras**:

REGEL

(1. Kathete)² + (2. Kathete)² = Hypotenuse²

Das Quadrat der einen Kathetenlänge plus das Quadrat der anderen Kathetenlänge ergeben zusammen das Quadrat der Hypotenusenlänge.

Pythagoras von Samos war ein griechischer Philosoph und Mathematiker und lebte 570 bis 510 vor Christus.

- Jedes **Dreieck**, in dem der **Satz von Pythagoras** gilt, ist **rechtwinklig**!

Formuliere den Satz von Pythagoras für die vier Dreiecke.

$y^2 + z^2 = x^2$

_____

_____

_____

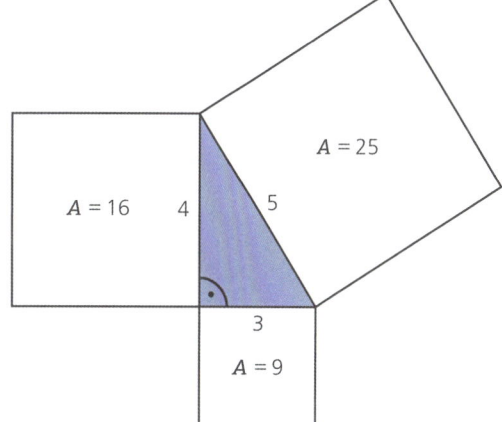

22 Ergänze den Text.

❋ Errichtet man über den K _____ und der H _____ eines

rechtwinkligen Dreiecks Quadrate, gilt:

Die S _____ der

Flächeninhalte der Quadrate über den

beiden K _____ ist

gleich dem Flächeninhalt des

Q _____über der

H _____.

$16 +$ _____ $=$ _____

 23 Überprüfe mit dem Satz von Pythagoras, ob es sich um ein rechtwinkliges

❋ Dreieck handelt. Finde das Lösungswort.

	1. Seite	2. Seite	3. Seite	rechtwinklig	nicht rechtwinklig
a)	54 cm	72 cm	90 cm	D	R
b)	57 cm	76 cm	95 cm	A	U
c)	32 cm	60 cm	70 cm	K	C
d)	2,4 cm	3,2 cm	4 cm	H	E
e)	1,8 cm	2,4 cm	2,9 cm	L	S

Lösungswort: _____

24 Drücke jede Variable durch die anderen aus.

❋
❋

$$x^2 + y^2 = z^2 \qquad x^2 = z^2 - y^2 \qquad y^2 = z^2 - x^2$$
$$z = \sqrt{x^2 + y^2} \qquad x = \sqrt{z^2 - y^2} \qquad y = \sqrt{z^2 - x^2}$$

a) $a^2 + b^2 = c^2$ $a =$ _____ $b =$ _____ $c =$ _____

b) $x^2 + y^2 = z^2$ $x =$ _____ $y =$ _____ $z =$ _____

c) $r^2 + s^2 = t^2$ $r =$ _____ $s =$ _____ $t =$ _____

d) $u^2 + v^2 = w^2$ $u =$ _____ $v =$ _____ $w =$ _____

B Der Satz von Pythagoras in ebenen Figuren

Rechteck und Quadrat

Gib Formeln für die Länge der Diagonale d und der Seitenlängen a und b an.

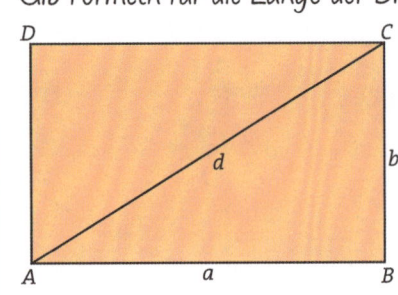
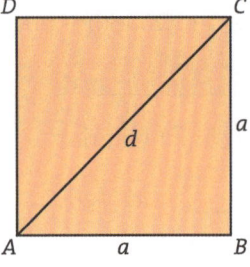

$d =$ _____

$a =$ _____

$b =$ _____

$d =$ _____

25 Berechne die fehlende Seitenlänge des Rechtecks.

* **a)** $d = 44{,}2$ cm, $b = 28$ cm, $a =$ _____   **c)** $d = 12{,}5$ cm, $b = 12$ cm, $a =$ _____

    b) $d = 91$ cm, $a = 84$ cm, $b =$ _____   **d)** $d = 3{,}5$ cm, $a = 2{,}1$ cm, $b =$ _____

26 Berechne die Diagonale des Rechtecks.

* **a)** $a = 6{,}3$ cm, $b = 8{,}4$ cm, $d =$ _____   **c)** $a = 48$ cm, $b = 85$ cm, $d \approx$ _____

    b) $a = 13$ cm, $b = 84$ cm, $d =$ _____   **d)** $a = 3{,}3$ cm, $b = 4{,}4$ cm, $d =$ _____

27 Berechne die Diagonale d des Quadrats mit der Seitenlänge a. Runde auf zwei

* Nachkommastellen.

    a) $a = 13$ cm $d \approx$ _____   **c)** $a = 11{,}8$ cm $d \approx$ _____

    b) $a = 65$ cm $d \approx$ _____   **d)** $a = 43{,}2$ cm $d \approx$ _____

28 Berechne die Seitenlänge a des Quadrats mit der Diagonale d. Runde auf zwei

* Nachkommastellen.

    a) $d = 22$ cm $a \approx$ _____

    b) $d = 81$ cm $a \approx$ _____

    c) $d = 44{,}3$ cm $a \approx$ _____

    d) $d = 53{,}2$ cm $a \approx$ _____

Rechtwinkliges Dreieck

Von einem rechtwinkligen Dreieck kennt man die durch die Höhe h = 15,81 m bestimmten Hypotenusenabschnitte q = 9,61 m und p = 26,01 m.

Berechne die Kathetenlängen a, b und die Hypotenusenlänge c.

$c = q + p = 9{,}61 + 26{,}01 = 35{,}62$ m

$a = \sqrt{h^2 + p^2} = \sqrt{15{,}81^2 + 26{,}01^2} \approx 30{,}44$ m

$b = \sqrt{h^2 + q^2} = \sqrt{15{,}81^2 + 9{,}61^2} \approx 18{,}50$ m

---

 29

✳

Berechne die fehlenden Seiten a, b und c des rechtwinkligen Dreiecks. (c ist die Hypotenuse). Runde, wenn nötig, auf zwei Nachkommastellen.

a) q = 0,9 dm; p = 2,5 dm; h = 1,5 dm

b) q = 1,6 dm; p = 3,6 dm; h = 2,4 dm

30

✳
✳

Kreuze die Seitenlängen an, die zu einem rechtwinkligen Dreieck gehören.

13 cm, 84 cm, 85 cm	☐
3,5 cm, 8 cm, 9,1 cm	☐
2,4 cm, 7 cm, 7,4 cm	☐
57 cm, 76 cm, 95 cm	☐
7,2 cm, 9,9 cm, 11 cm	☐

 31

✳
✳
✳

Berechne die fehlenden Seitenlängen und die Höhe des rechtwinkligen Dreiecks. Runde auf zwei Nachkommastellen.

a)

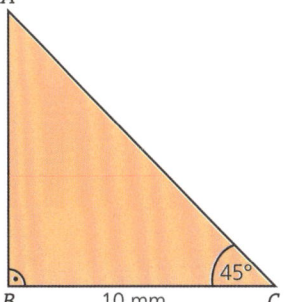

b)

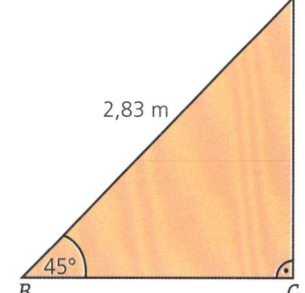

Wissen

Üben

Gleichschenkliges Dreieck

- Ein **Dreieck mit zwei gleich langen Seiten** wird als **gleichschenkliges Dreieck** bezeichnet.
- Die beiden gleich langen Seiten heißen **Schenkel**, die dritte Seite **Basis**.
- Die Basis wird von der Höhe darauf halbiert.
- Die **Winkel** zwischen den Schenkeln und der Basis sind gleich groß.
- Ein Schenkel ist die Hypotenuse. Die Höhe und die halbe Basis sind die Katheten eines rechtwinkligen Dreiecks.

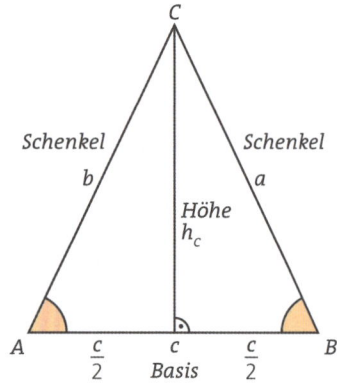

Es gilt: $a^2 = b^2 = h_c^2 + \left(\dfrac{c}{2}\right)^2 = h_c^2 + \dfrac{c^2}{4}$

Drücke jede Variable durch die beiden anderen aus.

$a = b = \sqrt{\underline{\hspace{1cm}} + \underline{\hspace{1cm}}}$ $\qquad$ $h_c^2 = \underline{\hspace{1.5cm}} - \underline{\hspace{1.5cm}}$ $\qquad$ $\left(\dfrac{c}{2}\right)^2 = \underline{\hspace{1.5cm}}$

$h_c = \underline{\hspace{2cm}}$ $\qquad\qquad\qquad\qquad\qquad$ $\dfrac{c}{2} = \underline{\hspace{1.5cm}}$

$c = \underline{\hspace{1.5cm}}$

32 Berechne die Höhe h_c des gleichschenkligen Dreiecks.

✳ **a)** $a = b = 73$ cm, $c = 96$ cm, $h_c = \underline{\hspace{1.5cm}}$ $\qquad$ **c)** $a = b = 29$ cm, $c = 40$ cm, $h_c = \underline{\hspace{1.5cm}}$

b) $a = b = 34$ cm, $c = 60$ cm, $h_c = \underline{\hspace{1.5cm}}$ $\qquad$ **d)** $a = b = 75$ cm, $c = 42$ cm, $h_c = \underline{\hspace{1.5cm}}$

33 Berechne die Länge der Basis c eines gleichschenkligen Dreiecks mit $a = b$.

✳ **a)** $a = 8{,}2$ cm, $h_c = 8$ cm, $c = \underline{\hspace{1.5cm}}$ $\qquad$ **c)** $a = 12$ cm, $h_c = 7{,}2$ cm, $c = \underline{\hspace{1.5cm}}$

b) $a = 10$ cm, $h_c = 9{,}6$ cm, $c = \underline{\hspace{1.5cm}}$ $\qquad$ **d)** $a = 16$ cm, $h_c = 12{,}8$ cm, $c = \underline{\hspace{1.5cm}}$

34 Berechne den Flächeninhalt des gleichschenkligen Dreiecks. ($A = \dfrac{1}{2} \cdot c \cdot h_c$)

✳ **a)** $a = b = 76{,}5$ cm, $c = 64{,}8$ cm

✳ **b)** $a = b = 35$ cm, $c = 42$ cm

c) $a = b = 5{,}3$ cm, $c = 5{,}6$ cm

d) $a = b = 58$ cm, $c = 80$ cm

Gleichseitiges Dreieck

- Ein **Dreieck mit drei gleich langen Seiten *a*** ist ein **gleichseitiges Dreieck**.

- Die **Höhe *h*** teilt es in zwei rechtwinklige Dreiecke.

- *a* ist die **Hypotenuse**, *h* und $\frac{a}{2}$ sind die **Katheten**

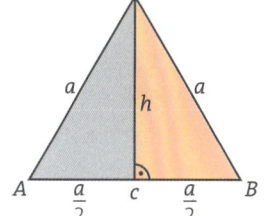

Drücke für ein gleichseitiges Dreieck h und den Flächeninhalt A durch die Seitenlänge a aus.

$$h^2 = a^2 - \left(\frac{a}{2}\right)^2 = a^2 - \frac{a^2}{4} = \frac{4a^2}{4} - \frac{a^2}{4} = \frac{3a^2}{4} \qquad \rightarrow \qquad h = \sqrt{\frac{3a^2}{4}} = \frac{a \cdot \sqrt{3}}{2}$$

Rechenregeln für Wurzeln anwenden!

Für den Flächeninhalt gilt: $\qquad A = \frac{1}{2} \cdot a \cdot h = \frac{1}{2} \cdot a \cdot \frac{a \cdot \sqrt{3}}{2} = \frac{a^2 \cdot \sqrt{3}}{4}$

 35 Berechne die Länge der Höhe *h* des gleichseitigen Dreiecks mit der Seitenlänge *a*.
Runde auf zwei Nachkommastellen.

a) *a* = 31 cm *h* ≈ _____ **b)** *a* = 17,3 cm *h* ≈ _____

 **36** Berechne den Flächeninhalt *A* des gleichseitigen Dreiecks mit der Seitenlänge *a*.
Runde auf zwei Nachkommastellen.

a) *a* = 65 cm *A* ≈ _____ **c)** *a* = 43,2 cm *A* ≈ _____

b) *a* = 29 cm *A* ≈ _____ **d)** *a* = 52,9 cm *A* ≈ _____

 37 Berechne die Seitenlänge *a* des gleichseitigen Dreiecks mit der Höhe *h*. Runde
auf zwei Nachkommastellen.

a) *h* = 83 cm *a* ≈ _____ **c)** *h* = 74,5 cm *a* ≈ _____

b) *h* = 55 cm *a* ≈ _____ **d)** *h* = 81,2 cm *a* ≈ _____

 38 Berechne die Seitenlänge *a* des gleichseitigen Dreiecks mit dem Flächeninhalt *A*.
Runde auf zwei Nachkommastellen.

a) *A* = 70 cm² *a* ≈ _____ **c)** *A* = 450 cm² *a* ≈ _____

b) *A* = 182 cm² *a* ≈ _____ **d)** *A* = 938 cm² *a* ≈ _____

Üben

Parallelogramm

- Die **Diagonalen** *e* und *f* eines Parallelogramms bilden mit der Höhe h_a und der Seite *a* plus bzw. minus einer bestimmten Länge *x* ein rechtwinkliges Dreieck.
- Gleiche Überlegungen gelten für die Höhe h_b und die Seite *b*,

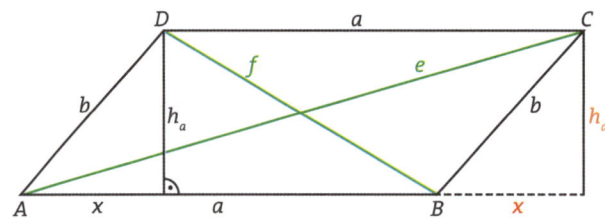

REGEL

Es gilt: $\qquad\qquad x^2 + h_a^2 = b^2 \quad \rightarrow \quad x = \sqrt{b^2 - h_a^2}$

Für die zwei rechtwinkligen Dreiecke mit der Hypotenuse *e*

bzw. *f* gilt: $\quad e^2 = (a + x)^2 + h_a^2 \quad \rightarrow \quad e = \sqrt{(a + x)^2 + h_a^2}$

$\qquad\qquad\quad f^2 = (a - x)^2 + h_a^2 \quad \rightarrow \quad f = \sqrt{(a - x)^2 + h_a^2}$

 **39** Berechne die Länge der Strecke *x* sowie die Längen der Diagonalen *e* und *f* des Parallelogramms ($\alpha < 90°$). Runde auf zwei Nachkommastellen.

a) $a = 5$ cm, $b = 3{,}2$ cm, $h_a = 3$ cm $\qquad$ **c)** $a = 3$ cm, $b = 5{,}4$ cm, $h_a = 5$ cm

b) $a = 6$ cm, $b = 2{,}2$ cm, $h_a = 2$ cm $\qquad$ **d)** $a = 3$ cm, $b = 3{,}6$ cm, $h_a = 2$ cm

 40 Berechne die Länge der Höhe h_a und den Flächeninhalt *A* des Parallelogramms ($\alpha < 90°$). Runde auf zwei Nachkommastellen.

a) $a = 4$ cm, $x = 3$ cm, $e = 7{,}3$ cm $\qquad$ **b)** $a = 5$ cm, $x = 2$ cm, $e = 7{,}6$ cm

Raute (Rhombus)

- Die **Diagonalen** *e* und *f* bilden einen rechten Winkel und unterteilen die Raute in vier deckungsgleiche (kongruente) rechtwinklige Dreiecke.

- *a* ist die Hypotenuse, $\frac{e}{2}$ und $\frac{f}{2}$ sind die Katheten.

- Die Seite *a* bildet mit der **Höhe h** und einer bestimmten Länge *x* ebenfalls ein rechtwinkliges Dreieck.

- *a* ist die Hypotenuse, *h* und *x* sind die beiden Katheten.

- Jede Raute hat einen Inkreis.

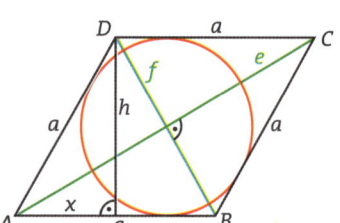

- Es gilt: $\quad a^2 = \left(\frac{e}{2}\right)^2 + \left(\frac{f}{2}\right)^2 \qquad\qquad x^2 = a^2 - h^2$

  $\qquad\qquad e^2 = (a + x)^2 + h^2 \qquad\quad f^2 = (a - x)^2 + h^2$

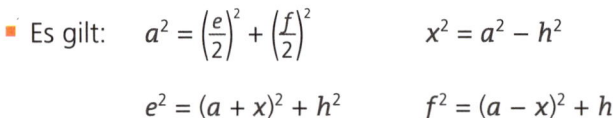

Wissen

Üben

41 Berechne die Seitenlänge a der Raute mit den Diagonalen e und f.

✳ **a)** $e = 8,4$ cm, $f = 11,2$ cm, $a =$ _____ **c)** $e = 6$ cm, $f = 14,4$ cm, $a =$ _____

b) $e = 42$ cm, $f = 144$ cm, $a =$ _____ **d)** $e = 56$ cm, $f = 90$ cm, $a =$ _____

 42 Berechne die Länge der Strecke x sowie die Längen der Diagonalen e und f der
✳ Raute ($α < 90°$). Runde auf zwei Nachkommastellen.
✳ **a)** $a = 10$ cm, $h = 9,6$ cm **c)** $a = 2,5$ cm, $h = 2$ cm

b) $a = 29$ cm, $h = 21$ cm **d)** $a = 5,2$ cm, $h = 4,8$ cm

 43 Berechne die Länge der Seite a einer Raute mit dem Flächeninhalt A und der
✳ gegebenen Diagonalenlänge. Es gilt: $A = \dfrac{e \cdot f}{2}$
✳ **a)** $A = 3\,696$ cm², $e = 66$ cm **c)** $A = 4\,056$ cm², $f = 104$ cm
b) $A = 2\,016$ cm², $e = 32$ cm **d)** $A = 3\,000$ cm², $f = 120$ cm

Trapez

- Ein **Trapez** ist ein **Viereck mit einem Paar paralleler Seiten**.
- Im Trapez kann man rechtwinklige Dreiecke entdecken, in denen man den Satz von Pythagoras anwenden kann.

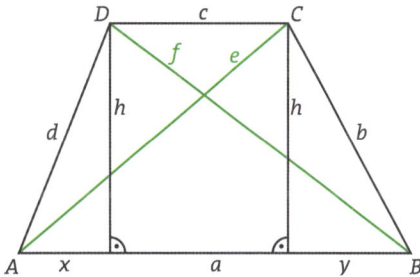

REGEL

Es gilt: $d^2 = x^2 + h^2$ bzw. $b^2 = y^2 + h^2$

$e^2 = (a - y)^2 + h^2$ bzw. $f^2 = (a - x)^2 + h^2$

44 Berechne die Längen der Böschungen des 1,5 m tiefen Grabens. (Maße in cm)

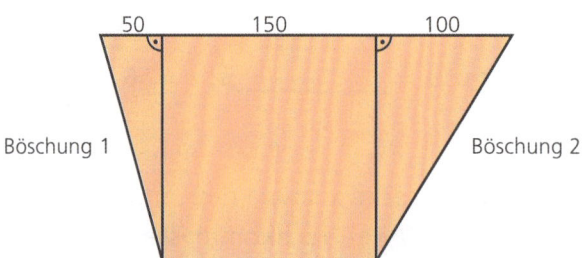

Böschung 1   Böschung 2

45 Von einem Trapez kennt man die Seitenlängen a, b, d und die Höhe h. Bestimme die Seitenlänge c sowie die Längen der Diagonalen e und f. Runde auf zwei Nachkommastellen.

a) $a = 250$ cm, $b = 182$ cm, $d = 74$ cm, $h = 70$ cm

b) $a = 37$ cm, $b = 25$ cm, $d = 26$ cm, $h = 24$ cm

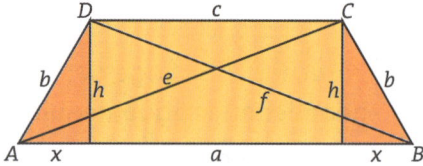

- Von einem **gleichschenkligen Trapez** spricht man, wenn $b = d$ gilt.

- Weiters gilt: $e = f$, $x = \dfrac{a - c}{2}$

46 Berechne die Länge der Höhe h und den Flächeninhalt des gleichschenkligen Trapezes.

a) $a = 80$ cm, $b = 75$ cm, $c = 38$ cm   **b)** $a = 83$ cm, $d = 50$ cm, $c = 55$ cm

Deltoid (Drachenfigur)

- Ein **Deltoid** ist ein **Viereck**, das **zwei Paare gleich langer benachbarter Seiten** besitzt.
- Die **Diagonalen** e und f bilden einen rechten Winkel.
- Die Diagonale f wird von der Diagonalen e halbiert.
- Die Diagonale e ist die Symmetrieachse.
- Das Deltoid besteht aus je zwei deckungsgleichen (kongruenten) rechtwinkligen Dreiecken.

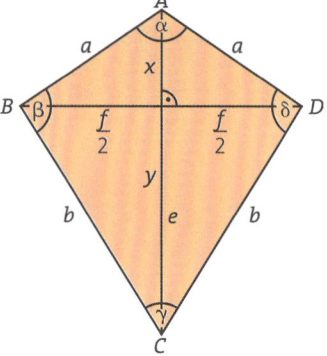

47 Benenne die Strecken in der rechten Tabelle mit der passenden Bezeichnung in der linken Tabelle. Schreibe den passenden Buchstaben davor.

Hypotenuse	A
Kathete	B

a
x
b
y
$\dfrac{f}{2}$

48 Berechne die Länge der Diagonale *e*.

a) $a = 17$ cm, $b = 25$ cm, $f = 30$ cm   **c)** $a = 3,5$ cm, $b = 4$ cm, $f = 6$ cm

b) $a = 25$ cm, $b = 29$ cm, $f = 40$ cm   **d)** $a = 6,8$ cm, $b = 8,7$ cm, $f = 12$ cm

 49 Berechne die Länge der anderen Seite des Deltoids.

a) $a = 30$ cm, $e = 104$ cm, $f = 36$ cm   **c)** $b = 37$ cm, $e = 51$ cm, $f = 24$ cm

b) $a = 17$ cm, $e = 28$ cm, $f = 30$ cm   **d)** $b = 10,1$ cm, $e = 14,7$ cm, $f = 4$ cm

50 Kreuze an, ob die Aussagen richtig oder falsch sind. Finde das Lösungswort.

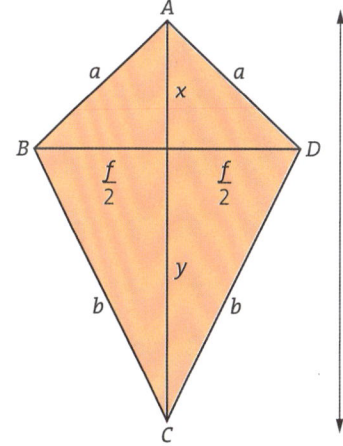

	richtig	falsch
$x + y = f$	☐ R	☐ W
$b = \sqrt{y^2 + \dfrac{f^2}{4}}$	☐ Ä	☐ H
$x^2 = a^2 - \left(\dfrac{f}{2}\right)^2$	☐ H	☐ O
$a = x + \dfrac{f}{2}$	☐ T	☐ L
Flächeninhalt $A = (x + y) \cdot \dfrac{f}{2}$	☐ E	☐ S
Flächeninhalt $A = x \cdot y$	☐ M	☐ R

Lösungswort: _____

Üben

C Der Satz von Pythagoras in Körpern

Quader und Würfel

- Im Quader sind die **Flächendiagonalen** d_1, d_2 und d_3 die Hypotenusen von rechtwinkligen Dreiecken.
- D ist die **Raumdiagonale** des Quaders.

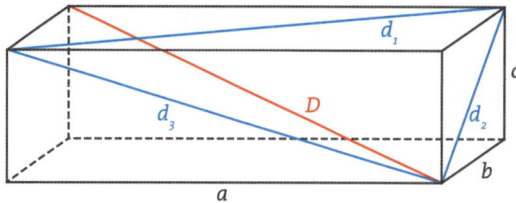

REGEL

Es gilt: $\quad a^2 + b^2 = d_1^2 \qquad b^2 + c^2 = d_2^2 \qquad a^2 + c^2 = d_3^2$

$\qquad\qquad D^2 = d_1^2 + c^2 = a^2 + b^2 + c^2$

- Jeder Würfel ist ein Quader mit gleich langen Kantenlängen ($a = b = c$).

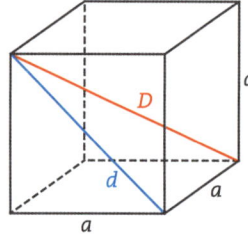

REGEL

Es gilt: $\quad d^2 = a^2 + a^2 = 2 \cdot a^2 \qquad \rightarrow \qquad d = \sqrt{2 \cdot a^2} = a \cdot \sqrt{2}$

$\qquad\qquad D^2 = a^2 + a^2 + a^2 = 3 \cdot a^2 \qquad \rightarrow \qquad D = \sqrt{3 \cdot a^2} = a \cdot \sqrt{3}$

---

51 Berechne die Längen der Flächendiagonalen des Quaders mit den Kantenlängen
✳ a, b und c. Runde auf zwei Nachkommastellen.

a) $a = 14$ cm, $b = 7$ cm, $c = 3$ cm

c) $a = 11{,}7$ cm, $b = 2$ cm, $c = 5{,}4$ cm

b) $a = 21$ cm, $b = 32$ cm, $c = 11$ cm

d) $a = 4{,}2$ cm, $b = 4{,}2$ cm, $c = 1{,}1$ cm

52 Ordne den Quadern mit den gegebenen Kantenlängen die entsprechende Länge der Raumdiagonale zu.

3,4	2,1	7,2	
10	12	13	
8,3	4,2	8,8	
21	33	55	
72,3	45,2	22,8	

A	20,32
B	67,49
C	88,26
D	8,23
E	12,81

53 Berechne die Länge der gesuchten Kantenlänge des Quaders.

a) $d_1 = 7{,}4$ cm, $b = 7$ cm, $a =$ _____

b) $d_2 = 109$ cm, $b = 91$ cm, $c =$ _____

c) $d_3 = 229$ cm, $c = 221$ cm, $a =$ _____

d) $d_1 = 10$ cm, $a = 8$ cm, $b =$ _____

 54 Berechne die Flächendiagonale und die Raumdiagonale des Würfels. Runde auf zwei Nachkommastellen.

a) $a = 41$ cm   **c)** $a = 46{,}2$ cm

b) $a = 56$ cm   **d)** $a = 32{,}8$ cm

55 Gegeben ist die Flächendiagonale d bzw. die Raumdiagonale D eines Würfels. Berechne die Kantenlänge. Runde auf zwei Nachkommastellen.

a) $d = 64$ cm   **c)** $D = 27{,}9$ cm

b) $d = 77$ cm   **d)** $D = 99{,}2$ cm

© VERITAS Verlag Linz. – Durchstarten Mathematik 4. Klasse Mittelschule/AHS. Lernhilfe

56 Ordne den Beschreibungen in der linken Spalte die entsprechende Formel in der rechten Spalte zu.

Raumdiagonale des Quaders		A	a^3
Volumen des Quaders		B	$\sqrt{a^2 + b^2 + c^2}$
Raumdiagonale des Würfels		C	$2 \cdot (a \cdot b + b \cdot c + a \cdot c)$
Flächendiagonale des Quaders		D	$6a^2$
Oberfläche des Würfels		E	$a \cdot b \cdot c$
Volumen des Würfels		F	$\sqrt{a^2 + b^2}$
Oberfläche des Quaders		G	$a\sqrt{3}$

Pyramide

- Man spricht von einer **quadratischen Pyramide**, wenn die **Grundfläche ein Quadrat** ist.

- h wird als **Körperhöhe** bezeichnet.

- In einer quadratischen Pyramide treten rechtwinklige Dreiecke auf, in denen der Satz von Pythagoras gilt.

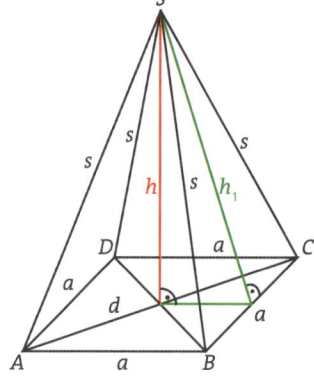

REGEL

Es gilt: $h_1{}^2 = \left(\dfrac{a}{2}\right)^2 + h^2$ $s^2 = \left(\dfrac{a}{2}\right)^2 + h_1{}^2 = \left(\dfrac{d}{2}\right)^2 + h^2$

- Ist die **Grundfläche** der Pyramide ein **Rechteck**, spricht man von einer **rechteckigen Pyramide**.

- h wird als **Körperhöhe** bezeichnet.

- In einer rechteckigen Pyramide treten rechtwinklige Dreiecke auf, in denen der Satz von Pythagoras gilt.

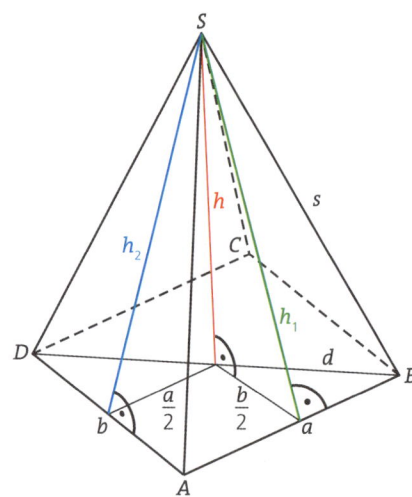

Wissen

Üben

28

Es gilt: $\quad h_1{}^2 = \left(\dfrac{b}{2}\right)^2 + h^2 \qquad h_2{}^2 = \left(\dfrac{a}{2}\right)^2 + h^2$

$$s^2 = \left(\dfrac{a}{2}\right)^2 + h_1{}^2 = \left(\dfrac{b}{2}\right)^2 + h_2{}^2 = \left(\dfrac{d}{2}\right)^2 + h^2$$

$$a^2 + b^2 = d^2$$

- Der **Oberflächeninhalt** O einer Pyramide setzt sich aus dem Inhalt der Grundfläche G und dem Inhalt des Mantels M zusammen.

- Das **Volumen** (der Rauminhalt) V einer Pyramide ist ein Drittel des Produkts von Grundflächeninhalt G und Körperhöhe h.

$$O = G + M \qquad\qquad V = \dfrac{1}{3} \cdot G \cdot h$$

57 Berechne die Seitenflächenhöhe h_1 der quadratischen Pyramide mit der Grundkantenlänge a und der Körperhöhe h.

*
a) $a = 78$ cm, $h = 52$ cm, $h_1 =$ _____ c) $a = 9{,}6$ cm, $h = 6{,}4$ cm, $h_1 =$ _____

b) $a = 40$ cm, $h = 48$ cm, $h_1 =$ _____ d) $a = 7$ cm, $h = 8{,}4$ cm, $h_1 =$ _____

58 Berechne den Inhalt des Mantels M der quadratischen Pyramide mit der Basiskante a und der Seitenflächenhöhe h_1.

> $a = 32$ cm, $h_1 = 34$ cm
>
> $M = 4 \cdot \dfrac{a \cdot h_1}{2} = 2 \cdot a \cdot h_1 = 2 \cdot 32 \cdot 34 = 2\,176$ cm²

a) $a = 9{,}6$ cm, $h_1 = 7{,}3$ cm, $M =$ _____ c) $a = 26{,}4$ cm, $h_1 = 14{,}3$ cm, $M =$ _____

b) $a = 98$ cm, $h_1 = 175$ cm, $M =$ _____ d) $a = 4{,}8$ cm, $h_1 = 3$ cm, $M =$ _____

59 Gib den Oberflächeninhalt O der Pyramiden in Aufgabe 58 an.

*
a) $O =$ _____ c) $O =$ _____

b) $O =$ _____ d) $O =$ _____

60 Von einer rechteckigen Pyramide sind die Längen der Seitenflächenhöhen h_1 und h_2 sowie die Länge der Körperhöhe h gegeben. Berechne die Längen der Grundkanten a und b und den Oberflächeninhalt.

$$h_1 = 35 \text{ cm}, \; h_2 = 53 \text{ cm}, \; h = 28 \text{ cm}$$

$$\frac{a}{2} = \sqrt{h_2^2 - h^2} \quad \rightarrow \quad a = 2 \cdot \sqrt{53^2 - 28^2} = 90 \text{ cm}$$

$$\frac{b}{2} = \sqrt{h_1^2 - h^2} \quad \rightarrow \quad b = 2 \cdot \sqrt{35^2 - 28^2} = 42 \text{ cm}$$

$$O = G + M \quad \rightarrow \quad O = a \cdot b + 2 \cdot \frac{a \cdot h_1}{2} + 2 \cdot \frac{b \cdot h_2}{2} = a \cdot b + a \cdot h_1 + b \cdot h_2$$

$$O = 90 \cdot 42 + 90 \cdot 35 + 42 \cdot 53 = 9\,156 \text{ cm}^2$$

a) $h_1 = 60$, $h_2 = 52$ cm, $h = 48$ cm **c)** $h_1 = 100$, $h_2 = 75$ cm, $h = 60$ cm
b) $h_1 = 65$, $h_2 = 70$ cm, $h = 56$ cm **d)** $h_1 = 125$, $h_2 = 85$ cm, $h = 75$ cm

61 Von einer quadratischen Pyramide kennt man die Kantenlänge a und die Seitenflächenhöhe h_1. Berechne das Volumen der Pyramide.

$$a = 15 \text{ cm}, \; h_1 = 19,5 \text{ cm}$$

$$h = h_1^2 - \left(\frac{a}{2}\right)^2 \quad \rightarrow \quad h = \sqrt{19,5^2 - 7,5^2} = 18 \text{ cm}$$

$$V = \frac{1}{3} \cdot a^2 \cdot h \quad \rightarrow \quad V = \frac{1}{3} \cdot 15^2 \cdot 18 = 1\,350 \text{ cm}^3$$

a) $a = 89$ cm, $h_1 = 85$ cm **c)** $a = 66$ cm, $h_1 = 55$ cm
b) $a = 18$ cm, $h_1 = 10,2$ cm **d)** $a = 40$ cm, $h_1 = 29$ cm

62 Berechne das Volumen der rechteckigen Pyramiden in Aufgabe 60.

a) $V = $ _____ **c)** $V = $ _____

b) $V = $ _____ **d)** $V = $ _____

63 Kreuze alle rechtwinkligen Dreiecke an.

☐ Dreieck ABS
☐ Dreieck AMS
☐ Dreieck ACS
☐ Dreieck BFS
☐ Dreieck DBS
☐ Dreieck ACD

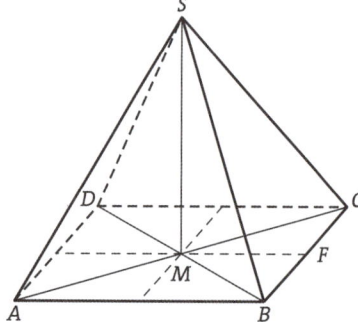

64 Kreuze die richtigen Aussagen an.

□ $a^2 = d^2 - b^2$　　　　□ $h_a{}^2 + b^2 = h^2$

□ $s = \sqrt{h^2 + \left(\frac{d}{2}\right)^2}$　　　□ $h^2 = h_a{}^2 - \left(\frac{b}{2}\right)^2$

□ $2 \cdot s^2 = d^2$　　　　　□ $\left(\frac{b}{2}\right)^2 = s^2 + h^2$

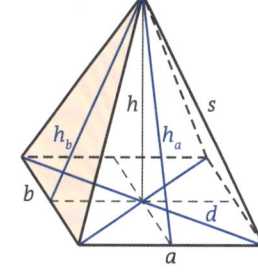

Regelmäßiger Oktaeder

- Ein **regelmäßiger Oktaeder** besteht aus **zwei quadratischen Pyramiden**, die an der Grundfläche zusammengesetzt werden.

- Die Seitenlängen der Pyramiden haben dieselbe Länge wie die Grundkante.

- Ein regelmäßiger Oktaeder hat **acht Begrenzungsflächen**. Jede Begrenzungsfläche ist ein gleichseitiges Dreieck.

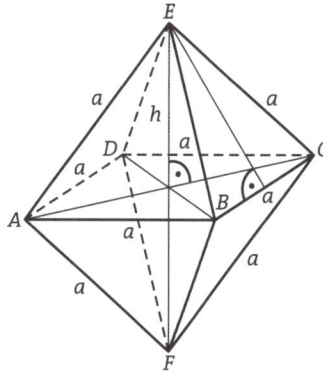

Leite eine Formel für das Volumen und die Oberfläche eines regelmäßigen Oktaeders her.

$d = a \cdot \sqrt{2}$ ... *Diagonale der quadratischen Grundfläche einer Pyramide*

$h = \sqrt{a^2 - \left(\frac{d}{2}\right)^2} = \sqrt{a^2 - \left(\frac{a \cdot \sqrt{2}}{2}\right)^2} = \sqrt{a^2 - \frac{a^2}{2}} = \sqrt{\frac{a^2}{2}}$

$h_1 = \sqrt{h^2 + \left(\frac{a}{2}\right)^2} = \sqrt{\frac{a^2}{2} + \frac{a^2}{4}} = \sqrt{\frac{3a^2}{4}}$

$\text{Volumen} = 2 \cdot \frac{a^2 \cdot h}{3} = 2 \cdot \frac{a^2}{3} \cdot h = 2 \cdot \frac{a^2}{3} \cdot \sqrt{\frac{a^2}{2}} = 2 \cdot \frac{a^2}{3} \cdot \frac{a}{\sqrt{2}} = \frac{1}{3} \cdot a^3 \cdot \sqrt{2}$

$\text{Oberfläche} = 8 \cdot \frac{a \cdot h_1}{2} = 4 \cdot a \cdot \sqrt{\frac{3a^2}{4}} = 4 \cdot a \cdot \frac{a}{2} \cdot \sqrt{3} = 2 \cdot a^2 \cdot \sqrt{3}$

REGEL

$V = \frac{1}{3} \cdot a^3 \cdot \sqrt{2}$　　　　$O = 2 \cdot a^2 \cdot \sqrt{3}$

 65 Berechne den Oberflächeninhalt des regelmäßigen Oktaeders mit der Kantenlänge a. Runde auf zwei Nachkommastellen.

a) $a = 54$ cm, $O \approx$ _____　　　**c)** $a = 22{,}1$ cm, $O \approx$ _____

b) $a = 21$ cm, $O \approx$ _____　　　**d)** $a = 35{,}9$ cm, $O \approx$ _____

66 Berechne das Volumen des regelmäßigen Oktaeders mit der Kantenlänge a. Runde auf zwei Nachkommastellen.

a) $a = 12$ cm, $V \approx$ _____

c) $a = 4{,}3$ cm, $V \approx$ _____

b) $a = 21$ cm, $V \approx$ _____

d) $a = 48{,}3$ cm, $V \approx$ _____

67 Drücke aus der Formel die Größe a aus.

a) $O = 2 \cdot a^2 \cdot \sqrt{3}$

b) $V = \frac{1}{3} \cdot a^3 \cdot \sqrt{2}$

  **68** Berechne die Länge der Seitenkante a des regelmäßigen Oktaeders mit dem Oberflächeninhalt O. Runde auf zwei Nachkommastellen.

a) $O = 450$ cm^2, $a \approx$ _____

c) $O = 598$ cm^2, $a \approx$ _____

b) $O = 3\,420$ cm^2, $a \approx$ _____

d) $O = 1\,000$ cm^2, $a \approx$ _____

69 Berechne die Länge der Seitenkante a des regelmäßigen Oktaeders mit dem Volumen V. Runde auf zwei Nachkommastellen.

a) $V = 3\,200$ cm^3, $a \approx$ _____

c) $V = 187$ cm^3, $a \approx$ _____

b) $V = 1\,450$ cm^3, $a \approx$ _____

d) $V = 50$ cm^3, $a \approx$ _____

70 Kreuze an, ob die Aussage richtig oder falsch ist. Finde das Lösungswort.

	richtig	falsch
Ein regelmäßiger Oktaeder hat acht deckungsgleiche Begrenzungsflächen.	☐ H	☐ T
Ein regelmäßiger Oktaeder hat acht gleich lange Kanten.	☐ U	☐ E
Ein regelmäßiger Oktaeder hat zwölf gleich lange Kanten.	☐ R	☐ A
Ein regelmäßiger Oktaeder hat sechs Ecken.	☐ Z	☐ M
Ein regelmäßiger Oktaeder setzt sich aus zwei rechteckigen Pyramiden zusammen.	☐ S	☐ O
Ein regelmäßiger Oktaeder hat zwölf deckungsgleiche Begrenzungsflächen.	☐ K	☐ G

Lösungswort: _____

 71 In einen Würfel mit der Kantenlänge 30 cm wird ein regelmäßiger Oktaeder so eingeschrieben, dass die Eckpunkte des Oktaeders genau in den Mittelpunkten der Würfelflächen liegen. Bestimme die Kantenlänge a des Oktaeders.

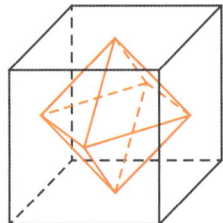

Regelmäßiger Tetraeder

- Ein **regelmäßiger Tetraeder** ist eine **regelmäßige dreiseitige Pyramide**, bei der die Seitenkanten dieselbe Länge haben wie die Kanten der Grundfläche.

- Die Oberfläche eines regelmäßigen Tetraeders besteht aus vier gleichseitigen Dreiecken.

- Der Körper hat sechs Kanten und vier Ecken.

- Die Körperhöhe h hat ihren Fußpunkt F im Schwerpunkt der Basisfläche. Die Strecke vom Fußpunkt F zum Eckpunkt B ist daher $\frac{2}{3}$ von h_a.

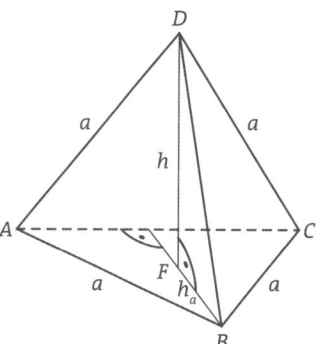

Leite eine Formel für das Volumen und die Oberfläche eines regelmäßigen Tetraeders her.

$$h = \sqrt{a^2 - \left(\frac{2}{3} \cdot \frac{a \cdot \sqrt{3}}{2}\right)^2} = \sqrt{a^2 - \frac{3 \cdot a^2}{9}} = \sqrt{\frac{2 \cdot a^2}{3}} = a \cdot \sqrt{\frac{2}{3}} = a \cdot \frac{\sqrt{2}}{\sqrt{3}} = a \cdot \frac{\sqrt{6}}{3}$$

Für das Dreieck ABC gilt: $G = \frac{a^2 \cdot \sqrt{3}}{4}$

$$V = \frac{1}{3} \cdot G \cdot h = \frac{1}{3} \cdot \frac{a^2 \cdot \sqrt{3}}{4} \cdot a \cdot \frac{\sqrt{6}}{3} = \frac{1}{36} \cdot a^3 \cdot \sqrt{18} = \frac{1}{36} \cdot a^3 \cdot 3 \cdot \sqrt{2} = \frac{1}{12} \cdot a^3 \cdot \sqrt{2}$$

Die Oberfläche besteht aus vier gleichseitigen Dreiecken:

$$O = 4 \cdot \frac{a^2 \cdot \sqrt{3}}{4} = a^2 \cdot \sqrt{3}$$

REGEL

$$V = \frac{1}{12} \cdot a^3 \cdot \sqrt{2} \qquad\qquad O = a^2 \cdot \sqrt{3}$$

 **72**
*
Berechne den Oberflächeninhalt des regelmäßigen Tetraeders mit der Kantenlänge a. Runde auf zwei Nachkommastellen.

a) $a = 56$ cm, $O \approx$ _____

b) $a = 4,6$ cm, $O \approx$ _____

 73
*
Berechne das Volumen des regelmäßigen Tetraeders mit der Kantenlänge a. Runde auf zwei Nachkommastellen.

a) $a = 25$ cm, $V \approx$ _____

c) $a = 8,8$ cm, $V \approx$ _____

b) $a = 54,2$ cm, $V \approx$ _____

d) $a = 2,4$ cm, $V \approx$ _____

74 Berechne die Kantenlänge a des regelmäßigen Tetraeders mit dem Oberflächeninhalt O. Runde auf zwei Nachkommastellen.

$O = 470$ cm², $a = ?$

$$O = a^2 \cdot \sqrt{3} \quad \rightarrow \quad \frac{O}{\sqrt{3}} = a^2 \quad \rightarrow \quad \sqrt{\frac{O}{\sqrt{3}}} = a$$

$$a = \sqrt{\frac{470}{\sqrt{3}}} \approx 16{,}47 \text{ cm}$$

---

a) $O = 243$ cm², $a \approx$ _____

b) $O = 827$ cm², $a \approx$ _____

c) $O = 34{,}2$ cm², $a \approx$ _____

d) $O = 112{,}3$ cm², $a \approx$ _____

75 Berechne die Kantenlänge a des regelmäßigen Tetraeders mit dem Volumen V. Runde auf zwei Nachkommastellen.

$V = 2\,300$ cm³, $a = ?$

$$V = \frac{1}{12} \cdot a^3 \cdot \sqrt{2} \quad \rightarrow \quad \frac{12 \cdot V}{\sqrt{2}} = a^3 \quad \rightarrow \quad \sqrt[3]{\frac{12 \cdot V}{\sqrt{2}}} = a$$

$$a = \sqrt[3]{\frac{12 \cdot 2\,300}{\sqrt{2}}} \approx 26{,}92 \text{ cm}$$

---

a) $V = 4\,500$ cm³, $a \approx$ _____

b) $V = 500$ cm³, $a \approx$ _____

c) $V = 76$ cm³, $a \approx$ _____

d) $V = 3{,}4$ cm³, $a \approx$ _____

76 In einen Würfel mit der Kantenlänge $a = 30$ cm ist ein regelmäßiger Tetraeder so eingeschrieben, dass seine Kantenlänge die Flächendiagonale des Würfels ist. Berechne den Oberflächeninhalt des Tetraeders. Runde auf zwei Nachkommastellen.

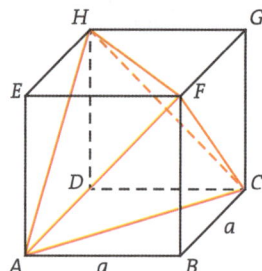

TEST

Online-Test
Finde heraus, ob du das Thema dieses Kapitels schon drauf hast. Einfach QR-Code scannen und los geht's!

Variable und Terme

A Addition und Subtraktion von Termen

- Die einzelnen Glieder eines Terms dürfen nur dann addiert bzw. subtrahiert werden, wenn sie sich nur durch die **Zahl vor der Variablen** unterscheiden.

- Die Zahl vor der Variablen heißt **Koeffizient** (Vorzahl).

Vereinfache so weit wie möglich.

a) $3x + 2y - 3 - x - 6y + 1 = (3x - x) + (2y - 6y) + (-3 + 1) =$

$$= 2x - 4y - 2$$

b) $5x + 3y - 10x + 8y =$ _____

c) $4a + ab - 7a + 8ab - a =$ _____

- **Potenzen** darf man nur dann addieren bzw. subtrahieren, wenn die Basis (Grundzahl) und der Exponent (Hochzahl) gleich sind.

- Das Ergebnis ordnet man oft nach **fallenden Potenzen**. Das heißt, die Potenz mit der größten Hochzahl steht ganz links und die Potenzen mit immer kleiner werdenden Hochzahlen stehen rechts daneben.

Vereinfache so weit wie möglich und ordne nach fallenden Potenzen.

a) $7x + x^2 + 8x - 3x^2 + x + 8 = 16x - 2x^2 + 8 = -2x^2 + 16x + 8$

nach fallenden Potenzen geordnet

b) $-7a + 6a^2 + a + 6 - 7a^2 - 8 =$ _____

- Klammern werden vor dem Addieren bzw. Subtrahieren aufgelöst.

- Steht vor der Klammer ein „+", werden die Klammern einfach weggelassen:

$$x + (y + z) = x + y + z$$

- Steht vor der Klammer ein „−", ändern sich nach dem Weglassen der Klammer die Operationszeichen in der Klammer:

$$x - (y + z) = x - y - z \qquad x - (y - z) = x - y + z$$

77 Vereinfache den Term so weit wie möglich.

a) $6a - 5 + 7a + 3 =$

c) $3a + 2b - 4a - 8b =$

b) $8b + 7b + 10 - 9b - 11 =$

d) $-a + 4 - 6a + 8 =$

78 Vereinfache den Term so weit wie möglich.

a) $6x + 2y + (3 - 2y) =$

c) $6x + 2 + (10x - 7) - (-6x + 2) + 9x =$

b) $(-4 + 2x) - (5x + 7) + x =$

d) $-(10x + 2) - (x + 5) - (3 + x) =$

79 Ordne dem Term die entsprechende Vereinfachung zu.

$6a + 2 - 4a + 10$	
$(6 - 6a) + (-a - 7)$	
$10a - (12a + 12) + 2$	
$a + 2a - (3a - 4a) + 12$	
$-(3a + 5) + (-3a - 5)$	

A	$-1 - 7a$
B	$-2a - 10$
C	$-6a - 10$
D	$2a + 12$
E	$4a + 12$

80 Vereinfache den Term so weit wie möglich.

a) $7x^2 - x + 8x^2 - 4x =$

c) $-12x^2 + x^2 - 6 - 2x + 11x^2 =$

b) $8x - 2x^2 + 8 - 3x + x^2 =$

d) $8 - x^2 + 4x - 6x^2 + 10 - 9x =$

81 Löse die Klammern auf und vereinfache so weit wie möglich.

a) $8 + (2x^2 + 7x - 2) - (x^2 + x) =$

c) $7x - (x^2 + 8x^3) + (-3x^2 + x) - 5x^2 =$

b) $(7x - x^2 + 8x^3) - (-3x^3 + x - 5x^2) =$

d) $-(1 + x^3 - 2x^2 + x^2 - 8x^3) =$

- Bei ineinander **verschachtelten Klammern** löst man die Klammern **von innen nach außen** auf.

> *Vereinfache so weit wie möglich.*
>
> $5x - y + [-3x + 5 - y - (-2x + y - 7)] =$
>
> $= 5x - y + [-3x + 5 - y + 2x - y + 7] =$
>
> $= 5x - y - 3x + 5 - y + 2x - y + 7 =$
>
> $= 4x - 3y + 12$

82 Löse die Klammern auf und vereinfache so weit wie möglich.

✳ **a)** $4x + [4 + x + (3x - 2)] =$ **c)** $10 - [4x + 2 + (1 + 2x)] =$

✳ **b)** $(4 - x) + [2x + 3 - (5 - 2x)] =$ **d)** $[5x - 2 - (6 + 3x)] + x =$

 83 Löse die Klammern auf und vereinfache so weit wie möglich.

✳ **a)** $5x + [6x - 2 + (9x + 3) - (4 - 3x)] =$ **c)** $7 - [6x + 4y - (10 - x) + (14x + 7y)] =$

✳ **b)** $8x - 2 + [12 - (9x + 3) - (2x - 1)] =$ **d)** $(11 - x + 2y) - [4y - (-2x - \{4x - y\})] =$

✳

84 Kreuze an, ob die die Vereinfachung richtig oder falsch ist.

✳
✳

	richtig	falsch
$4x - (8 - 2x) = 4x - 8 - 2x$	☐	☐
$(3 - 2x) + (5x - 2) - (x - 5) = 3 - 2x + 5x - 2 - x + 5$	☐	☐
$7x - [7 - 2x - (-7x + 10)] = 7x - 7 + 2x + 7x - 10$	☐	☐
$x + [12 - (7 + 6x) - (x + 2)] = x + 12 - 7 - 6x - x - 2$	☐	☐
$5x + 2 - (-2x - [8 + x]) = 5x + 2 + 2x - 8 - x$	☐	☐

85 Ergänze den Text so, dass er mathematisch richtig ist. Kreuze in den Tabellen
✳ den jeweils passenden Term an.

✳ Die Vereinfachung des Terms (1) _____ ist (2) _____.

(1)	
$(7x - 2) - (-8x + 5)$	
$6x - (4 - x - [2 + x])$	
$6 - (4x + 5 + [x - 1])$	

(2)	
$-2 + 8x$	
$10 + 5x$	
$-x + 3$	

86 Ordne dem Term in der linken Spalte die jeweils passende Vereinfachung in der
✳ rechten Spalte zu.

✳

$2a + (3a - 5b)$	
$3a + b - (6b - 7a)$	
$1 - (a + 2b) - (a - b)$	
$4a - [b - (2 + 5b)]$	

A	$-2a - b + 1$
B	$10a - 5b$
C	$-4a + b + 2$
D	$4a + 4b + 2$
E	$5a - 5b$
F	$5a + b$

© VERITAS Verlag Linz. – Durchstarten Mathematik 4. Klasse Mittelschule/AHS. Lernhilfe

B Multiplikation von Termen

■ Bei der Multiplikation gilt das **Vertauschungsgesetz**, d. h., die Reihenfolge der Faktoren darf beliebig verändert werden.

REGEL

$$a \cdot b = b \cdot a$$

■ Bei der Multiplikation gilt das **Verbindungsgesetz**, d. h., die Faktoren dürfen beliebig durch Klammern miteinander verbunden werden.

REGEL

$$(a \cdot b) \cdot c = a \cdot (b \cdot c)$$

■ Werden Potenzen mit gleichen Basen miteinander multipliziert, bleibt die Basis unverändert und die Exponenten werden addiert.

REGEL

$$a^m \cdot a^n = a^{m+n}$$

Berechne die Produkte.

a) $5x^2y^3 \cdot 7xy^2 = (5 \cdot 7) \cdot (x^2 \cdot x) \cdot (y^3 \cdot y^2) = 35 \cdot x^3 \cdot y^5$

b) $-2x^3y^4 \cdot 5xy^4 =$ _____

c) $-3x \cdot 2y^2 + 4x \cdot 5y^2 =$ _____ $xy^2 +$ _____ $xy^2 =$ _____

■ Wird ein **eingliedriger Term** (Monom) mit einem **mehrgliedrigen Term** (Polynom) multipliziert, multipliziert man jeden Ausdruck des Polynoms mit dem Monom. Es gilt das **Verteilungsgesetz**.

REGEL

$$a \cdot (b + c) = a \cdot b + a \cdot c$$

Berechne das Produkt.

a) $6x \cdot (3x - 5) = 6x \cdot 3x - 6x \cdot 5 = 18x^2 - 30x$

b) $(4x - 5y + z) \cdot (-3x) = -12x^2 + 15xy - 3xz$

■ Werden **zwei Polynome** miteinander multipliziert, wird jeder Ausdruck des ersten Polynoms mit jedem Ausdruck des zweiten Polynoms multipliziert.

$$(5x - 2) \cdot (7x + 5) = 5x \cdot 7x + 5x \cdot 5 - 2 \cdot 7x - 2 \cdot 5 =$$
$$= 35x^2 + 25x - 14x - 10 =$$
$$= 35x^2 + 11x - 10$$

87 Berechne das Produkt.

✳ **a)** $2x^3y^2 \cdot 3xy^4 =$ **c)** $-7x^2y^3 \cdot 5x^4y^3 =$

b) $10\,xy^4 \cdot 9x^2y^2 =$ **d)** $(-2x^2y) \cdot (-11x^4y^3) =$

88 Ordne den Rechnungen das entsprechende Ergebnis zu.

✳

$2a \cdot 3b - 5a \cdot 6b$	
$-4a \cdot b + 6a \cdot 2b$	
$a \cdot 2b - (-2a) \cdot 5b$	
$(-5a) \cdot b - 6a \cdot (-3b)$	
$a \cdot (2b) - (-3a) \cdot (-4b)$	

A	$8ab$
B	$12ab$
C	$-24ab$
D	$-10ab$
E	$13ab$

89 Verbinde die äquivalenten (gleichwertigen) Terme.

✳
✳

$-5a^2 \cdot b^4 \cdot 6a^2 \cdot b^2$ $-24a^6b^4 - 6a^6b^4$

$-30a^4b^6$

$-30a^6b^4$

$24a^4b^6$ $-4a^2 \cdot b^4 \cdot (-6a^2 \cdot b^2)$

90 Berechne das Produkt.

✳ **a)** $7a \cdot (4a - 3) =$ **c)** $a \cdot (-10 + 15a) =$

b) $(-9a) \cdot (a + 5) =$ **d)** $(-11a) \cdot (-11 + 10a) =$

91 Berechne das Produkt.

✳ **a)** $7ab \cdot (a - 2b) =$ **c)** $5a^2 \cdot (3a + 5b) =$

✳ **b)** $(-8ab) \cdot (-2a + 3) =$ **d)** $(-4a^2 + 2ab - 6b^2) \cdot (-3ab)$

92 Ordne der Multiplikation das entsprechende Produkt zu.

✳
✳

$(3x - 6) \cdot (x + 3)$	
$(-2x + 1) \cdot (x - 4)$	
$(x - 1) \cdot (x + 2)$	
$(8x - 2) \cdot (-2x + 1)$	
$(2x + 3) \cdot (4x - 5)$	

A	$-2x^2 + 9x - 4$
B	$3x^2 + 3x - 18$
C	$8x^2 + 2x - 15$
D	$x^2 + x - 2$
E	$-16x^2 + 12x - 2$

 93 Berechne und vereinfache. Beachte: Punkt- vor Strichrechnung!

✳
✳
✳

> $5x - (6x - 2) \cdot (-3x + 1) =$ Das Minus vor dem Produkt beachten!
>
> $= 5x - (-18x^2 + 6x + 6x - 2) =$
>
> $= 5x - (-18x^2 + 12x - 2) =$
>
> $= 5x + 18x^2 - 12x + 2 =$
>
> $= 18x^2 - 7x + 2$ Ergebnis nach fallenden Potenzen geordnet.

a) $4x + (7x - 2) \cdot (8x + 3) =$ **d)** $(x - 2) \cdot (2x + 3) - 2x - 1 =$

b) $x - (8x + 2) \cdot (3x - 5) =$ **e)** $8x - 1 - (6x - 3) \cdot (2x - 4) =$

c) $-3x^2 + (x^2 + 3x - 1) \cdot (3x - 2) =$ **f)** $(x^2 - 4x - 2) \cdot (5x - 1) =$

C Binomische Formeln

- Werden zwei gleiche **zweigliedrige Terme** (Binome) multipliziert, kann man sich, um Zeit und Arbeit zu sparen, den Ergebnisterm als **Formel** einprägen.

REGEL

$$(a + b)^2 = a^2 + 2ab + b^2 \qquad (a - b)^2 = a^2 - 2ab + b^2$$
$$(a + b) \cdot (a - b) = a^2 - b^2$$

© VERITAS Verlag Linz. – Durchstarten Mathematik 4. Klasse Mittelschule/AHS. Lernhilfe

94 Berechne unter Verwendung der binomischen Formeln.

* **a)** $(x + y)^2 =$
b) $(a - 5)^2 =$

c) $(6 + s)^2 =$
d) $(s - t)^2 =$

 95 Berechne unter Verwendung der binomischen Formeln.

$$(5a - 3)^2 = (5a)^2 - 2 \cdot 5a \cdot 3 + 3^2 = 25a^2 - 30a + 9$$

a) $(3y + 2)^2 =$
b) $(2x - 3)^2 =$

c) $(7 + 8c)^2 =$
d) $(7b - 3)^2 =$

 96 Berechne unter Verwendung der binomischen Formeln.

$$(4x + 3y)^2 = (4x)^2 + 2 \cdot 4x \cdot 3y + (3y)^2 = 16x^2 + 24xy + 9y^2$$

a) $(2x + 6y)^2 =$
b) $(5x - 2y)^2 =$

c) $(3x + 10y)^2 =$
d) $(7x - 3y)^2 =$

 97 Berechne. Verwende die binomische Formel.

* **a)** $(x - 6) \cdot (x + 6) =$
b) $(8 + r) \cdot (8 - r) =$
c) $(3e - 1) \cdot (3e + 1)$

d) $(4z - 11) \cdot (4z + 11) =$
e) $(2a + 3b) \cdot (2a - 3b) =$
f) $(9e - 2f) \cdot (9e + 2f) =$

 98 Berechne. Verwende die binomische Formel.

* **a)** $\left(\dfrac{x}{4} - 3\right) \cdot \left(\dfrac{x}{4} + 3\right) =$

b) $\left(\dfrac{y}{10} + 2\right) \cdot \left(\dfrac{y}{10} - 2\right) =$

c) $\left(\dfrac{x}{2} - \dfrac{y}{3}\right) \cdot \left(\dfrac{x}{2} + \dfrac{y}{3}\right) =$

d) $\left(\dfrac{3x}{5} + \dfrac{4y}{7}\right) \cdot \left(\dfrac{3x}{5} - \dfrac{4y}{7}\right) =$

99 Zeige durch Ausmultiplizieren die Richtigkeit des Zusammenhangs.

* **a)** $(-a + b)^2 = a^2 - 2ab + b^2$

b) $(-a - b)^2 = a^2 + 2ab + b^2$

100 Potenziere aus.

a) $(-6x + y)^2 =$

c) $(-4x - 3y)^2 =$

b) $(-x - 8y)^2 =$

d) $(-5x + 4y)^2 =$

101 Ordne dem Ausdruck in der linken Spalte den äquivalenten Ausdruck in der rechten Spalte zu.

$x^2 - 4y^2$	
$4x^2 - 4xy + y^2$	
$(-2x - y)^2$	
$(2x - y) \cdot (2x + y)$	

A	$(2x - y)^2$
B	$4x^2 + 4xy + y^2$
C	$4x^2 - y^2$
D	$(x + 2y) \cdot (x - 2y)$

D Dividieren von Termen

- Werden Potenzen mit gleichen Basen dividiert, bleibt die Basis unverändert und die Exponenten werden subtrahiert.

REGEL

$$\frac{a^m}{a^n} = a^m : a^n = a^{m-n} \text{ mit } m \geq n$$

- Beachte: $a^1 = 1$ und $a^0 = 1$

Berechne den Quotienten.

a) $-36a^5b^6c^2 : 6a^2b^4c^2 = (-36 : 6) \cdot a^{5-2} \cdot b^{6-4} \cdot c^{2-2} =$
$= -6a^3b^2c^0 = -6a^3b^2$

b) $-16a^4b^6 : (-8ab) =$ _____

- Bei der Division eines **mehrgliedrigen Terms (Polynoms)** durch einen **eingliedrigen Term (Monom)** wird jeder Teil des Polynoms durch das Monom dividiert.

$(14x^3 - 35x^4) : (-7x^2) = (14x^3 : (-7x^2)) - (35x^4 : (-7x^2)) =$
$= -2x - (-5x^2) = -2x + 5x^2$

102 Berechne den Quotienten.

a) $-20x^3y^2 : 5x^2y =$

c) $-27x^3y^4z^2 : (-3xy^2z) =$

b) $25x^5y^4 : (-5x^3y^2) =$

d) $40x^2yz^4 : 10xyz^3 =$

103 Dividiere.

a) $(-55x^6 + 10x^3) : (-5x^3) =$

c) $(-10x^4 - 15x^3 + 5x^2) : (-5x^2) =$

b) $(21x^2 + 7x^3) : (+7x^2) =$

d) $(18x^5 + 6x^4 - 4x) : (+2x) =$

▪ Die **Division von zwei mehrgliedrigen Termen** ist etwas aufwendiger. Dabei ist zu beachten, dass die Potenzen im Dividend und Divisor **von der größten bis zur kleinsten** Potenz geordnet sein müssen.

$$
\begin{array}{l}
\left[(8x^3 + 18x^2 + 5x - 3) : (4x + 3) = 2x^2 + 3x - 1 \right. \\
+\left[-8x^3 - 6x^2 \right. \\
+\left[\underline{12x^2 + 5x - 3} \right. \\
+\left[-12x^2 - 9x \right. \\
+\left[\underline{-4x - 3} \right. \\
\left[\ 4x + 3 \right. \\
\underline{} \\
 0 \ \ Rest
\end{array}
$$

1. Erster Teil des Dividenden / Rests durch ersten Teil des Divisors dividieren.
2. Ergebnis mit dem Divisor multiplizieren und die Produkte mit geänderten Vorzeichen unter den Dividend / Rest schreiben.
3. Strich machen und die beiden Zeilen (ohne Divisor) addieren.

Die drei Schritte mit dem Term unter dem Strich so lange wiederholen, bis sich der Rest null ergibt oder ein Term übrig bleibt (Rest), der nicht mehr durch den ersten Teil des Divisors dividiert werden kann.

Wissen

Üben

104 Ergänze die fehlenden Teile des Quotienten und die Reste.

$(6x^3 - 13x^2 + 14x - 12) : (2x - 3) = $ _____ $x^2 - $ _____ $+ $ _____

$-6x^3 + $ _____

_____

$- 4x^2 + $ _____ $- 12$

$+ 4x^2 - $ _____

_____

$+ $ _____ $- 12$

_____

_____ $+ $ _____

_____

0 Rest

105 Berechne den Quotienten.

a) $(x^3 + 5x^2 + 10x + 8) : (x + 2) =$

c) $(2x^4 + x^3 - 7x^2 + x + 1) : (2x - 1) =$

b) $(3x^3 - 16x^2 + 9x - 20) : (x - 5) =$

d) $(x^4 + x^3 - 2x^2 - 5x - 3) : (x + 1) =$

E **Faktorisieren (In ein Produkt zerlegen)**

- Ein Term soll in ein Produkt zerlegt werden, dessen Faktoren nicht mehr weiter zerlegt werden können

- Es gibt **zwei Methoden**, die in dieser Reihenfolge angewendet werden:

Gemeinsame Faktoren herausheben

a) $6xy - 18xz = 6x \cdot (y - 3z)$

Es kann 6x herausgehoben werden, da
- das kgV der Zahlen 6 ist.
*- in jedem Teil der Subtraktion der Faktor x als **kleinste Potenz** auftritt*

Die Teile der Subtraktion werden durch 6x dividiert und die Ergebnisse in die Klammer geschrieben.

b) $20ab + 24bc = 4b \cdot ($ _____ $)$

c) $3ab^2 - 12a^2b = $ _____

Es können auch **Polynome herausgehoben** werden.

$(a + 1)^2 - 4 \cdot (a + 1) = (a + 1) \cdot [(a + 1) - 4] = (a + 1) \cdot [a - 3]$

$(x + 5)^2 - (2x + 1) \cdot (x + 5) = (x + 5) \cdot [(x + 5) - (2x + 1)] =$

$= (x + 5) \cdot [x + 5 - 2x - 1] = (x + 5) \cdot [-x + 4]$

Binomische Formeln anwenden

a) $4x^2 - 9y^2 = (2x - 3y) \cdot (2x + 3y)$

b) $4x^2 - 12x + 9 = (2x - 3)^2$

$(2x)^2 = 4x^2$
$3^2 = 9$

Beachte das Rechenzeichen vor 12x!

- Wenn möglich, wird durch Anwenden beider Methoden **hintereinander** faktorisiert.

a) $12xy^2 - 27x = 3x \cdot (4y^2 - 9) = 3x \cdot (2y - 3) \cdot (2y + 3)$

b) $45x^2 - 30x + 5 = 5 \cdot (9x^2 - 6x + 1) = 5 \cdot (3x - 1)^2$

- Wenn keine der beiden Methoden angewendet werden kann, lässt sich der Term nicht faktorisieren.

Wissen

Üben

106 Ordne jedem Term in der linken Spalte den äquivalenten Term in der rechten
✱ Spalte zu.

$ab - b$	
$a^2b + ab^2$	
$b - ab$	
$b^2a^2 + ab$	
$ab^2 + b^3$	

A	$ab \cdot (a + b)$
B	$b \cdot (1 - a)$
C	$b^2 \cdot (a + b)$
D	$b \cdot (a - 1)$
E	$ab \cdot (ab + 1)$

107 Verwandle den Term in ein Produkt.
✱
a) $24xy - 20yz =$ c) $7x - 21xy =$
b) $10a + 20ab =$ d) $-24ab + 12bc =$

108 Faktorisiere den Term.

* **a)** $x^2y + xy^2 =$

* **b)** $x^3 - 2x^2y =$

c) $25x^2y^3 + 20xy^2 =$

d) $10xy - 50x^2y =$

109 Hebe heraus und vereinfache so weit wie möglich.

* **a)** $(x + 5)^2 + (x + 5) =$

* **b)** $(x - 3) + (x - 3)^2 =$

c) $(2x + 1)^2 - (2x + 1) =$

d) $(3x + 2)^3 - (3x + 2)^2 =$

110 Faktorisiere und vereinfache so weit wie möglich.

* **a)** $(a + 4)^2 + (a - 2) \cdot (a + 4)=$

* **b)** $(2a - 1) - (1 + 2a) \cdot (2a - 1)^2 =$

c) $5 \cdot (a + 1) + 15 \cdot (a + 1)^2 =$

d) $20 \cdot (4a + 3)^2 - 30 \cdot (4a + 3) =$

111 Zerlege in ein Produkt.

* **a)** $r^2 - s^2 =$

b) $16x^2 - 100y^2 =$

c) $\frac{a^2}{25} - 1 =$

d) $\frac{c^2}{81} - \frac{4}{9} =$

112 Faktorisiere.

* **a)** $20a^2 - 5 =$ _____

* **b)** $27y^2 - 48 =$ _____

c) $28x^2 - 7 =$ _____

d) $160a^2 - 490 =$ _____

113 Faktorisiere so weit wie möglich.

* **a)** $75ab^2 - 12a =$ _____

* **b)** $36ab^2 - a =$ _____

c) $4ab^3 - 49ab =$ _____

d) $63ab^3 - 28ab =$ _____

114 Bringe auf das Quadrat eines Binoms, d.h. in die Form $(a \pm b)^2$.

a) $x^2 + 14x + 49 =$ _____

b) $4x^2 + 12x + 9 =$ _____

c) $9x^2 - 6x + 1 =$ _____

d) $16x^2 - 24x + 9 =$ _____

115 Faktorisiere so weit wie möglich.

a) $12x^2 + 12x + 3 =$ _____

b) $32x^2 + 48x + 18 =$ _____

c) $20x^2 - 20x + 5 =$ _____

d) $6x^2 - 36x + 54 =$ _____

116 Faktorisiere so weit wie möglich.

a) $2x^3 + 20x^2 + 50x =$ _____

b) $4x^3 - 4x =$ _____

c) $18x^3 - 2x =$ _____

d) $5x^3 - 10x^2 + 5x =$ _____

F **Bruchterme erweitern und kürzen**

- Terme, bei denen **Variable** im **Nenner** auftreten, heißen Bruchterme.

- $\frac{6}{x}$; $\frac{1}{5x + 1}$; $\frac{x - 1}{2x + 1}$; usw. sind Bruchterme

  $\frac{x}{6}$; $\frac{5x + 2}{6}$; $\frac{3x}{10}$; usw sind **keine** Bruchterme

- Bei Bruchtermen muss man darauf achten, dass der Nenner nicht 0 wird. Durch 0 kann nicht dividiert werden!

- Bei Bruchtermen gibt man immer Bedingungen an, die erfüllt sein müssen, dass der Nenner nicht 0 wird.

$$\frac{3}{x} \quad \rightarrow \quad x \neq 0$$

$$\frac{5}{x - 4} \quad \rightarrow \quad x - 4 \neq 0 \quad \rightarrow \quad x \neq 4$$

$$\frac{2x + 2}{2x - 6} \quad \rightarrow \quad 2x - 6 \neq 0 \quad \rightarrow \quad x \neq 3$$

117 Kreuze an, ob es sich um einen Bruchterm handelt oder nicht.

✳

	Bruchterm	kein Bruchterm
$\frac{45 - 2}{3x + 1}$	☐	☐
$\frac{4x + 1}{12 - 10}$	☐	☐
$\frac{x}{x^2 - 25}$	☐	☐
$\frac{24}{7x}$	☐	☐
$\frac{200}{700}$	☐	☐

118 Welche Zahl darf für die Variable nicht eingesetzt werden?

✳

a) $\frac{-2}{2 - x}$ $x \neq$ _____

b) $\frac{x + 2}{x - 3}$ $x \neq$ _____

c) $\frac{6 + x}{7 + x}$ $x \neq$ _____

d) $\frac{x}{x - 10}$ $x \neq$ _____

119 Welche Zahl darf für die Variable nicht eingesetzt werden?

$$\frac{3x}{4x-5} \quad \rightarrow \quad 4x-5 \neq 0 \quad \rightarrow \quad 4x \neq 5 \quad \rightarrow \quad x \neq \frac{5}{4}$$

a) $\frac{5}{3x-4}$ $x \neq$ _____

c) $\frac{-1}{5-7x}$ $x \neq$ _____

b) $\frac{2x-4}{3x+5}$ $x \neq$ _____

d) $\frac{5x-1}{8+9x}$ $x \neq$ _____

- Bruchterme werden **erweitert**, indem man Zähler- und Nennerterm mit **demselben Term** (ungleich Null) **multipliziert**.

Erweitere den Bruchterm $\frac{x}{8x^2-5}$ (1) mit 3, (2) mit (x + 1)

(1) $\frac{x}{8x^2-5} = \frac{x \cdot 3}{(8x^2-5) \cdot 3} = \frac{3x}{24x^2-15}$

(2) $\frac{x}{8x^2-5} = \frac{x \cdot (x+1)}{(8x^2-5) \cdot (x+1)} = \frac{x^2+x}{8x^3+8x^2-5x-5}$

- Beim Kürzen von Bruchtermen wendet man auf den Zähler- und den Nennerterm die Methoden des Faktorisierens an und kürzt die Faktoren so weit wie möglich.

Kürze den Bruchterm $\frac{x^3-xy^2}{x^2+xy}$.

$$\frac{x^3-xy^2}{x^2+xy} = \frac{x \cdot (x^2-y^2)}{x \cdot (x+y)} = \frac{{}^1x \cdot (x-y) \cdot \cancel{(x+y)}^1}{{}_1x \cdot \cancel{(x+y)}_1} = x-y$$

 120 Erweitere den Bruchterm $\frac{a+2}{2-a^2}$ mit dem gegebenen Term.

a) 6   **b)** −2   **c)** 3a   **d)** (2a + 1)

 121 Gib den Term an, mit dem der Bruchterm $\frac{2x-1}{x+3}$ erweitert wurde.

a) $\frac{4x-2}{2x+6}$ **b)** $\frac{-2x+1}{-x-3}$ **c)** $\frac{2x^2-x}{x^2+3x}$ **d)** $\frac{6x^2-3x}{3x^2+9x}$

122 Erkläre die einzelnen Schritte beim Kürzen des Bruchterms in eigenen Worten.

$$\frac{12x^3y-3xy}{12x^3y+6x^2y} = \frac{3xy \cdot (4x^2-1)}{6x^2y \cdot (2x+1)} = \frac{3xy \cdot (2x-1) \cdot (2x+1)}{6x^2y \cdot (2x+1)} = \frac{2x-1}{2x}$$

123 Hebe heraus und kürze so weit wie möglich.

a) $\dfrac{2x + 10y}{6} =$ **b)** $\dfrac{xy - y}{2y} =$ **c)** $\dfrac{3xy + 6y}{9y} =$ **d)** $\dfrac{15xy - 18x}{3x} =$

 124 Hebe heraus und kürze so weit wie möglich.

a) $\dfrac{14x^2 + 7x}{21x}$ **b)** $\dfrac{5x^2y + 10xy}{5xy^2}$ **c)** $\dfrac{6x^3y - 3x^2y}{9xy}$ **d)** $\dfrac{30xy^2 + 10xy}{5x^2y}$

 125 Wende eine binomische Formel an und kürze so weit wie möglich.

a) $\dfrac{x^2 - y^2}{x + y} =$ **c)** $\dfrac{x^2 + 2x + 1}{x + 1} =$

b) $\dfrac{a - b}{a^2 - b^2} =$ **d)** $\dfrac{2x - 3}{4x^2 - 12x + 9} =$

 126 Hebe heraus und wende eine binomische Formel an. Kürze so weit wie möglich.

a) $\dfrac{6a + 6b}{a^2 - b^2} =$ **d)** $\dfrac{14a - 14}{7a^2 - 7} =$

b) $\dfrac{5a^2 - 5b^2}{10a + 10b} =$ **e)** $\dfrac{a^2c - b^2c}{ac - bc} =$

c) $\dfrac{16a^3b - 24ab}{12a^2b + 24ab^2} =$ **f)** $\dfrac{256a^3 - 4ab^2}{48a^2 + 6ab} =$

127 Ordne den Termen in der linken Spalte die vereinfachten Terme in der rechten Spalte zu. Finde das Lösungswort.

$\dfrac{3x^2 - 12x + 12}{6x - 12}$		Ü $\dfrac{x - y}{2}$
$\dfrac{5x^2 - 5y^2}{10x + 10y}$		E $\dfrac{2x - 2y}{x + y}$
$\dfrac{3x + 3y}{12x^2 + 24xy + 12y^2}$		Z $\dfrac{x - y}{x + y}$
$\dfrac{x^2 - y^2}{x^2 + 2xy + y^2}$		M $\dfrac{x - 2}{2}$
$\dfrac{10x^2 - 10y^2}{5x^2 + 10xy + 5y^2}$		N $\dfrac{1}{4x + 4y}$

Lösungswort: _____

G Addition und Subtraktion von Bruchtermen

- Es können nur gleichnamige Brüche (Brüche mit gleichen Nennern) addiert bzw. subtrahiert werden.

- Falls die Nenner der Bruchterme, die addiert bzw. subtrahiert werden sollen, nicht alle gleich sein, müssen sie durch eine passende **Erweiterung** gleich gemacht werden.

- Damit die Nenner nicht unnötig kompliziert werden, ermittelt man im Allgemeinen das **kleinste gemeinsame Vielfache** der **Nenner**.

$$\frac{2x-1}{3x} + \frac{6+x}{2x} =$$

Das kgV der Nenner ist 6x.

$$= \frac{(2x-1)\cdot 2}{3x \cdot 2} - \frac{(6+x)\cdot 3}{2x \cdot 3} =$$

Die Bruchterme mit 2 bzw. 3 erweitern.

$$= \frac{4x-2}{6x} - \frac{18+3x}{6x} =$$

Ausmultiplizieren und auf einen Bruchstrich schreiben. Vereinfachen! Vorzeichen beachten!

$$= \frac{4x-2-(18+3x)}{6x} =$$

$$= \frac{4x-2-18-3x}{6x} = \frac{x-20}{6x}$$

- Treten im Nenner Binome auf, werden diese zuerst – falls möglich – **faktorisiert**.

$$\frac{3}{x^2-x} + \frac{3}{2x+2} - \frac{3}{x^2-1} =$$

Nenner faktorisieren!

$$\frac{3}{x\cdot(x-1)} + \frac{3}{2\cdot(x+1)} - \frac{3}{(x-1)\cdot(x+1)} =$$

kgV der Nenner =

$$= 2 \cdot x \cdot (x+1) \cdot (x-1)$$

$$= \frac{3\cdot 2 \cdot(x+1)}{2x\cdot(x-1)\cdot(x+1)} + \frac{3\cdot x\cdot(x-1)}{2\cdot x\cdot(x+1)\cdot(x-1)} - \frac{3\cdot 2\cdot x}{2\cdot x\cdot(x-1)\cdot(x+1)} = \text{Erweitern!}$$

$$= \frac{6x+6+3x^2-3x-6x}{2\cdot x\cdot(x+1)\cdot(x-1)} =$$

Zähler ausrechnen und

$$= \frac{3x^2-3x+6}{2\cdot x\cdot(x+1)\cdot(x-1)}$$

vereinfachen!

128 Ordne den Rechnungen in der linken Spalte die passenden kleinsten gemeinsamen Nenner zu.

$\dfrac{2}{7x} - \dfrac{3}{2x}$		A	$3 \cdot x \cdot (x + 2)$
$\dfrac{1}{2x} + \dfrac{1}{3x} - \dfrac{1}{4x}$		B	$3 \cdot (x - 2)(x + 2)$
$\dfrac{3x}{x + 2} + \dfrac{x - 1}{3 \cdot (x - 2)}$		C	$x \cdot (x - 2)$
$\dfrac{2}{3x} - \dfrac{x}{x + 2}$		D	$14x$
$\dfrac{x + 1}{x - 2} + \dfrac{5}{x}$		E	$12x$

129 Verbinde die Rechnungen mit den passenden kleinsten gemeinsamen Nennern.

$\dfrac{3}{x + 1} - \dfrac{x}{2x - 2}$

$2 \cdot x \cdot (x - 1) \cdot (x + 1)$

$2 \cdot (x - 1) \cdot (x + 1)$

$\dfrac{1 - x}{x^2 - 1} + \dfrac{1}{2x}$

$\dfrac{1}{x} + \dfrac{1}{x^2 - 9} - \dfrac{1}{x + 3}$

$x \cdot (x - 3) \cdot (x + 3)$

$(x + 3) \cdot (x - 3)$

 130 Bringe auf einen gemeinsamen Nenner und berechne.

a) $\dfrac{4}{3x} - \dfrac{5}{7x} =$

c) $\dfrac{1}{3x} + \dfrac{1}{5x} - \dfrac{1}{10x} =$

b) $\dfrac{x - 1}{2x} + \dfrac{1}{5x} =$

d) $\dfrac{1}{x} + \dfrac{1 + x}{5x} - \dfrac{2}{4x} =$

 131 Bringe auf einen gemeinsamen Nenner und berechne.

a) $\dfrac{4}{x + 1} - \dfrac{5}{x - 2} =$

c) $\dfrac{1}{2x + 5} - \dfrac{2}{x - 4} =$

b) $\dfrac{1}{3x - 1} + \dfrac{x}{2x + 1} =$

d) $\dfrac{x}{x - 3} - \dfrac{2x}{2x + 1} =$

 132 Bringe auf einen gemeinsamen Nenner und berechne.

a) $\dfrac{1}{x} + \dfrac{1}{x^2 - 4} + \dfrac{1}{x + 2} =$

c) $\dfrac{3x}{x^2 - 1} - \dfrac{3}{x^2 - x} + \dfrac{1}{x} =$

b) $\dfrac{2}{x} + \dfrac{3x}{2x^2 - 8} - \dfrac{2}{2x + 4} =$

d) $\dfrac{1}{2x^2 + 2x} - \dfrac{2}{x^2 - x} - \dfrac{1}{x^2 - 1} =$

H Multiplikation und Division von Bruchtermen

Multiplikation

- Man zerlegt die Zähler und die Nenner der Bruchterme in Produkte (Herausheben, binomische Formeln).

- Die Terme werden so weit wie möglich gekürzt.

- Die vereinfachten Zähler- und Nennerterme werden multipliziert.

$$\frac{20x^3y}{7b^3} \cdot \frac{21b}{5x^2y} =$$
Zahlen und Variablen kürzen.

$$= \frac{4x}{b^2} \cdot \frac{3}{1} =$$
Zähler mit Zähler und

$$= \frac{12x}{b^2}$$
Nenner mit Nenner multiplizieren.

- Binome so weit wie möglich faktorisieren.

$$\frac{3x}{2x^2 - 2y^2} \cdot \frac{8x + 8y}{5x^2} =$$
Faktorisieren!

$$= \frac{3x}{2 \cdot (x - y) \cdot (x + y)} \cdot \frac{8 \cdot (x + y)}{5x^2} =$$
Zahlen und Variablen kürzen.

$$= \frac{3}{x - y} \cdot \frac{4}{5x}$$
Zähler mit Zähler und

$$= \frac{12}{5x^2 - 5xy}$$
Nenner mit Nenner multiplizieren.

Division

- Man zerlegt die Zähler und die Nenner der Bruchterme in Produkte (Herausheben, binomische Formeln).

- Zwei Bruchterme werden **dividiert**, indem man den **Kehrwert** des zweiten Bruches bildet (d. h. Zähler und Nenner vertauschen) und dann die beiden Bruchterme **multipliziert**.

- Vor dem Multiplizieren kürzt man so weit wie möglich.

Wissen

$$\frac{8a + 8b}{3x + 3} : \frac{16a + 16b}{12x^2 - 12} =$$

Zähler und Nenner faktorisierern!

$$= \frac{8 \cdot (a + b)}{3 \cdot (x + 1)} : \frac{16 \cdot (a + b)}{12 \cdot (x^2 - 1)} =$$

$$= \frac{8 \cdot (a + b)}{3 \cdot (x + 1)} : \frac{16 \cdot (a + b)}{12 \cdot (x - 1) \cdot (x + 1)} =$$

Kehrwert bilden!

$$= \frac{8 \cdot (a + b)}{3 \cdot (x + 1)} \cdot \frac{12 \cdot (x - 1) \cdot (x + 1)}{16 \cdot (a + b)} =$$

Kürzen und

$$= \frac{1}{1} \cdot \frac{4 \cdot (x - 1)}{2} = 2 \cdot (x - 1) = 2x - 2$$

ausmultiplizieren!

 133 Berechne die Produkte.

a) $\frac{20x}{7y^3} \cdot \frac{21y}{30x^2} =$

c) $\frac{x^3y^4}{z^3} \cdot \frac{2}{14x^2y} =$

b) $\frac{9x^3}{2y^4} \cdot \frac{8y}{21x^2} =$

d) $\frac{12x^2y^3}{21z^2} \cdot \frac{3z}{10x^3y^2} =$

 134 Faktorisiere die Zähler und Nenner, kürze und berechne das Produkt.

a) $\frac{9x + 9y}{4a^2b} \cdot \frac{16ab}{3x + 3y} =$

c) $\frac{x^2y + xy}{5x^2} \cdot \frac{15xy}{3x + 3} =$

b) $\frac{3x + 3y}{5x - 5y} \cdot \frac{15x - 15y}{x + y} =$

d) $\frac{6x^3z}{xy - xz} \cdot \frac{7y - 7z}{x} =$

135 Faktorisiere die Zähler und Nenner, kürze und berechne das Produkt.

a) $\frac{3x^2 - 3y^2}{5x + 5y} \cdot \frac{10x}{9x^3} =$

c) $\frac{x^2 - 6x + 9}{7x^2 - 7y^2} \cdot \frac{21x + 21y}{2x - 6} =$

b) $\frac{2x - 2y}{x^2 - y^2} \cdot \frac{3x + 3y}{6x} =$

d) $\frac{6x + 6y}{4x^2 - 4x + 1} \cdot \frac{10x - 5}{(x + y)^2} =$

136 Berechne den Quotienten.

a) $\frac{10x^2}{3y^4} : \frac{5x^3}{30y^2} =$

e) $\frac{3x + 3y}{xy - y} : \frac{x + y}{y} =$

b) $\frac{12x^2}{11y} : \frac{14x}{22y^3} =$

f) $\frac{2x - 2y}{x^2 + xy} : \frac{6x - 6y}{x + y} =$

c) $\frac{x^2y}{9z^4} : \frac{xy}{12z} =$

g) $\frac{3x - 6}{x^2 + x} : \frac{2x - 4}{x + 1} =$

d) $\frac{26xy}{11z} : \frac{2x^3}{22z} =$

h) $\frac{xy - x}{12x} : \frac{5xy - 5x}{24x^3} =$

137 Berechne den Quotienten.

a) $\dfrac{11x^2 - 11y^2}{9x - 9y} : \dfrac{22x + 22y}{27y} =$

c) $\dfrac{x^2 + 16x + 64}{3x^2 - 3y^2} : \dfrac{2x + 16}{x + y} =$

b) $\dfrac{3x - 6}{x^3 - x} : \dfrac{x - 2}{x + 1} =$

d) $\dfrac{4x + 4y}{x^2 - 8x + 16} : \dfrac{16}{5x - 20} =$

- Doppelbrüche sind als Brüche geschriebene Divisionen.

- Man schreibt einen Doppelbruch wieder als Division an und berechnet dann den Quotienten.

$$\dfrac{\dfrac{x + y}{a^2 - b^2}}{\dfrac{9x + 9y}{a + b}} = \dfrac{x + y}{a^2 - b^2} : \dfrac{9x + 9y}{a + b} =$$

Doppelbruch als Division schreiben und faktorisieren!

$$= \dfrac{x + y}{(a - b) \cdot (a + b)} : \dfrac{9 \cdot (x + y)}{a + b} =$$

$$= \dfrac{x + y}{(a - b) \cdot (a + b)} \cdot \dfrac{a + b}{9 \cdot (x + y)} =$$

Kehrwert bilden und kürzen.

$$= \dfrac{1}{(a - b)} \cdot \dfrac{1}{9} = \dfrac{1}{9a - 9b}$$

Multiplizieren!

138 Beschreibe in eigenen Worten, wie man den Quotienten bestimmt, wenn ein Doppelbruch gegeben ist.

139 Berechne den Quotienten.

a) $\dfrac{\dfrac{x + y}{xy}}{\dfrac{y}{x}}$

c) $\dfrac{\dfrac{x^2 + 2xy + y^2}{a + b}}{\dfrac{x + y}{a^2 + 2ab + b^2}} =$

b) $\dfrac{\dfrac{x^2 - y^2}{3x^3}}{\dfrac{9x + 9y}{x}} =$

d) $\dfrac{\dfrac{2x - 4y}{5y^3}}{\dfrac{x^2 - 4xy + 4y^2}{15y}} =$

Wissen

Üben

I Lösen von Gleichungen

- Setzt man zwei Terme gleich, entsteht eine **Gleichung**.

- Tritt in einer Gleichung eine Variable auf, kann man für die Variable Zahlen einsetzen. Die Zahl, für die die Gleichung richtig ist, nennt man **Lösung** der Gleichung, z. B.:
  $x = 2$ ist die Lösung der Gleichung $3x - 4 = 4 - x$,
  da $3 \cdot 2 - 4 = 4 - 2$ bzw. $2 = 2$ gilt.

- Durch **Äquivalenzumformungen** kann die Lösung einer Gleichung rechnerisch bestimmt werden:

  1. Auf beiden Seiten der Gleichung dieselbe Zahl **addieren**.
  2. Auf beiden Seiten der Gleichung dieselbe Zahl **subtrahieren**.
  3. Auf beiden Seiten der Gleichung mit derselben Zahl (ungleich null) **multiplizieren**.
  4. Auf beiden Seiten der Gleichung durch dieselbe Zahl (ungleich null) **dividieren**.

- Durch Äquivalenzumformungen ändert sich die Lösung der Gleichung nicht!

Löse die Gleichung $3 \cdot (x + 5) - (2x - 3) = 4x - 3$.

$3x + 15 - 2x + 3 = 4x - 3$	*Klammern auflösen und zusammenfassen.*
$x + 18 = 4x - 3 \qquad \mid -4x$	*Auf beiden Seiten $4x$ subtrahieren.*
$-3x + 18 = -3 \qquad \mid -18$	*Auf beiden Seiten 18 subtrahieren.*
$-3x = -21 \qquad \mid : (-3)$	*Auf beiden Seiten durch (-3) dividieren*
$x = 7$	

Die Lösung der Gleichung ist 7.

Probe: In die gegebene Gleichung für x die Lösung 7 einsetzen:

$$3 \cdot (7 + 5) - (2 \cdot 7 - 3) = 4 \cdot 7 - 3$$
$$36 - 11 = 28 - 3$$
$$25 = 25$$

Die Werte der Terme links und rechts des Gleichheitszeichens müssen gleich sein!

140 Kreuze die Lösung der Gleichung an. Finde das Lösungswort.

Gleichung	$x = 1$	$x = 0$	$x = -1$	$x = -7$	$x = -2$
$(x + 2) \cdot 3 - 4 \cdot (x - 1) = 8 \cdot x + 1$	Ä	R	T	U	E
$6 \cdot (x - 1) + 18 = x - 2 \cdot (x + 1)$	U	X	O	L	R
$3x - 2 + 4 \cdot (x - 1) = -6$	C	Z	N	M	P
$(x + 5) \cdot (x - 5) - x^2 + x = -26$	F	H	T	K	R
$4x + 2 \cdot (1 - x) = x - 5$	T	S	M	E	Y

Lösungswort: _____

141 Führe die angegebene Äquivalenzumformung aus.

a) $4x - 2 = x + 6$ $\quad | +2$

c) $18x = -6$ $\qquad | : (-3)$

b) $7 = 2 - 6x$ $\qquad | +6x$

d) $10 = -2x$ $\qquad | \cdot (-1)$

142 Gib die Äquivalenzumformung an.

a) $4 - 6x = 5 + 2x$ $\quad | \underline{\quad\quad}$

$1 - 6x = 2 + 2x$

c) $10 - x = 2x + 5$ $\quad | \underline{\quad\quad}$

$30 - 3x = 6x + 15$

b) $4 + 6x = 2 \cdot (x + 6)$ $\quad | \underline{\quad\quad}$

$2 + 3x = x + 6$

d) $4x - 12 = -6x - 8$ $\quad | \underline{\quad\quad}$

$14x - 12 = 4x - 8$

 143 Bestimme die Lösung der Gleichung mittels Äquivalenzumformungen und mache die Probe.

a) $3x + 2 \cdot (1 - 4x) + 3 \cdot (x - 1) = -5x + 2$
b) $2x + 10 = 3 \cdot (x - 2) - 2 \cdot (x + 5)$
c) $4 \cdot (2x - 1) - 6x + 8 = (1 - x) \cdot 2 - 4 \cdot (1 + 3x)$
d) $8x + 4 \cdot (3x - 1) - 2 \cdot (2 - 4x) = -20$

 144 Löse die Gleichung und mache die Probe.

a) $(x - 3) \cdot (x + 3) - 2x + 10 = x \cdot (x + 4) - 8$
b) $(2x - 5)^2 - (x + 1) \cdot (x - 1) = 3x \cdot (x - 5) + 1$
c) $(x - 5)^2 - (x + 4)^2 - x \cdot (x + 1) = 4 - x \cdot (x - 6)$

Üben

- Eine Gleichung kann **besondere Lösungsfälle** haben:

1. Fallen durch die Äquivalenzumformungen alle Variablen weg und bleibt eine falsche Aussage über, z. B. 1 = 2, ist die Gleichung **unlösbar**.
   Die Gleichung hat **keine Lösung**.

2. Fallen durch die Äquivalenzumformungen alle Variablen weg und bleibt eine richtige Aussage über, z. B. 1 = 1, ist die Gleichung **für jede Zahl**, die man für die Variable einsetzt, **lösbar**.
   Die Gleichung hat **unendlich viele Lösungen**.

---

a) $(2x - 1) \cdot (2x + 3) = -3 + 4x \cdot (x + 1)$

$4x^2 + 6x - 2x - 3 = -3 + 4x^2 + 4x$

$4x^2 + 4x - 3 = 4x^2 + 4x - 3 \quad | -4x^2 \quad | -4$

$-3 = -3 \qquad\qquad$ *wahre Aussage*

Die Gleichung hat unendlich viele Lösungen.

b) $(x - 1) \cdot (x + 1) + 2x - 1 = x \cdot (x + 2) + 1$

$x^2 - 1 + 2x - 1 = x^2 + 2x + 1$

$x^2 + 2x - 2 = x^2 + 2x + 1 \qquad | -x^2 \quad | -2x$

$-2 = 1 \qquad\qquad$ *falsche Aussage*

Die Gleichung hat keine Lösungen.

---

145 Wie viele Lösungen hat die Gleichung? Ordne zu.

✳

eine Lösung	A
keine Lösung	B
unendlich viele Lösungen	C

$3x - 1 = 2x + 5$
$5x + 1 = 5x - 1$
$x = x + 5 - 2x$
$4x + x - 1 = 5x - 1$
$x = x + 1$

146 Gib an, welcher besondere Lösungsfall vorliegt.

✳ **a)** $x \cdot (10x - 13) + 4 = (3x - 2)^2 + x \cdot (x - 1)$

✳ **b)** $(2x - 1) \cdot (2x + 1) + (x + 2)^2 = 1 + x \cdot (5x + 4)$

c) $9x \cdot (x - 1) + 1 = (2 - 3x)^2 + 3 \cdot (x - 1)$

d) $(4x + 1) \cdot (4x - 1) + 3x + 1 = x \cdot (16x + 3) - 1$

J | Lösen von Gleichungen mit Bruchtermen

- Man bringt beide Seiten der Gleichung auf den gleichen Nenner (das kleinste gemeinsamer Vielfache = **Hauptnenner**).

- Die Gleichung wird mit dem Hauptnenner **multipliziert**. Dadurch fallen die Brüche weg.

- Man ermittelt die Lösung der Gleichung mittels **Äquivalenzumformungen**.

- Bei Bruchgleichungen gibt man auch eine **Definitionsmenge _D_** (= Menge aller Zahlen, die als Lösung möglich sind) an.

- Als **Grundmenge _G_** nimmt man, wenn nicht anders angegeben, die Menge der **reellen Zahlen**.

Löse die Gleichung: $\dfrac{3}{x+2} = \dfrac{1}{x}$

$x + 2 \neq 0 \qquad x \neq 0$

$\quad x \neq -2$

Durch null darf nicht dividiert werden.
– 2 und 0 müssen daher ausgeschlossen werden.

$D = \mathbb{R} \setminus \{-2;\ 0\}$

Die Definitionsmenge ist $\mathbb{R}$ ohne – 2 und 0.

$\dfrac{3 \cdot x}{x \cdot (x+2)} = \dfrac{1 \cdot (x+2)}{x \cdot (x+2)}$

*Erweitern auf den **Hauptnenner** $x \cdot (x+2)$.*

$\dfrac{3 \cdot x}{x \cdot (x+2)} = \dfrac{1 \cdot (x+2)}{x \cdot (x+2)} \ \big|\ \cdot x \cdot (x+2)$

***Multiplizieren** mit dem Hauptnenner.*

$3x = x + 2 \qquad | -x$

$2x = 2 \qquad\quad | : 2$

$\quad x = 1$

*Gleichung weiter **umformen**.*

*1 ist die **Lösung** der Gleichung.*

Probe: Die Lösung in die Gleichung einsetzen:

$\dfrac{3}{1+2} = \dfrac{1}{1} \quad \rightarrow \quad 1 = 1$ *wahre Aussage*

- Zum Finden des Hauptnenners kann es nötig sein, die **Nenner** zuerst zu **faktorisieren**.

Löse die Gleichung $\dfrac{1}{x^2 + x} - \dfrac{1}{x^2 - x} = \dfrac{4}{(x + 1) \cdot (x - 1)}$

$x^2 + x = x \cdot (x + 1) \quad \rightarrow \quad x \neq 0 \qquad x + 1 \neq 0$

$\qquad\qquad\qquad\qquad\qquad\qquad\qquad\qquad\qquad x \neq -1$

$x^2 - x = x \cdot (x - 1) \quad \rightarrow \quad x \neq 0 \qquad x - 1 \neq 0$

$\qquad\qquad\qquad\qquad\qquad\qquad\qquad\qquad x \neq 1 \; d.\,h., \; D = \mathbb{R} \setminus \{-1; 0, 1\}$

Im Hauptnenner muss jeder Faktor vorkommen: $x \cdot (x - 1) \cdot (x + 1)$

Auf den Hauptnenner erweitern und dann damit multiplizieren:

$\dfrac{1 \cdot (x - 1)}{x \cdot (x + 1) \cdot (x - 1)} - \dfrac{1 \cdot (x + 1)}{x \cdot (x - 1) \cdot (x + 1)} = \dfrac{4 \cdot x}{x \cdot (x + 1) \cdot (x - 1)} \quad | \cdot x \cdot (x + 1) \cdot (x - 1)$

$x - 1 - (x + 1) = 4x \qquad vereinfachen$

$x - 1 - x - 1 = 4x$

$\qquad\qquad -2 = 4x \qquad | : 4$

$\qquad\qquad -\dfrac{2}{4} = x \qquad d.\,h., \; die \; Lösung \; ist \; -\dfrac{1}{2}.$

---

147 Gib die Definitionsmenge an und löse die Gleichung.

✱

a) $\dfrac{4}{x + 2} = \dfrac{5}{x + 4}$

b) $\dfrac{2}{3x - 1} = \dfrac{1}{x + 5}$

c) $\dfrac{3}{2x - 6} = \dfrac{2}{2x + 6}$

d) $\dfrac{5}{3x - 6} = \dfrac{2}{x + 5}$

---

148 Löse die Bruchgleichung. Gib auch die Definitionsmenge an.

  a) $\dfrac{x+2}{x-4} = \dfrac{x-3}{x+6}$

b) $\dfrac{2x-1}{x+2} = \dfrac{2x-5}{x-2}$

c) $\dfrac{3x}{x-2} = \dfrac{9x}{3x+1}$

d) $\dfrac{x+1}{x-3} = \dfrac{2x+5}{2x}$

149 Löse die Bruchgleichung. Gib auch die Definitionsmenge an.

a) $\dfrac{1}{x^2-2x} - \dfrac{1}{x^2+2x} = \dfrac{4}{x^2-4}$

b) $\dfrac{2}{x^2-3x} = \dfrac{5}{x^2-9} - \dfrac{1}{x^2+3x}$

c) $\dfrac{3x-1}{x^2-9} + \dfrac{5}{x+3} = \dfrac{4}{x-3}$

d) $\dfrac{2}{x+5} + \dfrac{2}{x-5} = \dfrac{10}{x^2-25}$

Üben

K **Textgleichungen**

Sachaufgaben führen oft zu Gleichungen, die gelöst werden müssen.

Vorgehensweise beim Lösen von solchen Aufgaben:
1. Lies den Text aufmerksam durch und **benenne** die **gesuchte Größe mit** einer **Variablen**, z.B. x.
2. Finde Terme, die das Problem mathematisch beschreiben, und **stelle** eine **passende Gleichung** auf.
3. **Löse** die **Gleichung**.
4. Überprüfe, ob die Lösung zur Aufgabenstellung passt und mache anhand des Textes die **Probe**.
5. Formuliere einen **Antwortsatz**.

Textgleichungen mit Bruchtermen

Gegeben ist der Bruch $\frac{3}{5}$. Subtrahiert man vom Zähler und vom Nenner dieses Bruches dieselbe Zahl, erhält man 3. Berechne die Zahl.

Die gesuchte Zahl wird mit einer beliebigen Variable bezeichnet, z.B x.

$$\frac{3-x}{5-x}$$ Subtrahieren heißt x abziehen.

$$\frac{3-x}{5-x} = 3$$ Nach dem Abziehen ist das Ergebnis 3.

$$\frac{3-x}{5-x} = 3 \qquad | \cdot (5-x)$$ Mit dem Hauptnenner multiplizieren und die Gleichung lösen.

$$3 - x = 3 \cdot (5-x)$$

$$3 - x = 15 - 3x \qquad | +3x - 3$$

$$2x = 12$$

$$x = 6$$ Die Lösung – am Text überprüft – stimmt. Die gesuchte Zahl ist 6.

150 Bestimme die Lösung durch Ansetzen einer Gleichung.

a) Gegeben ist der Bruch $\frac{3}{8}$. Addiert man zum Zähler und Nenner dieses Bruches dieselbe Zahl, erhält man 2. Berechne die Zahl.

b) Gegeben ist der Bruch $\frac{5}{6}$. Subtrahiert man vom Zähler eine Zahl und addiert zum Nenner dieses Bruches dieselbe Zahl, erhält man $\frac{1}{10}$. Berechne die Zahl.

c) Addiert man zum Zähler und Nenner des Bruches $\frac{1}{4}$ dieselbe Zahl, erhält man $\frac{2}{7}$. Bestimme die Zahl.

d) Gegeben ist der Bruch $\frac{1}{x}$. Vermehrt man Zähler und Nenner um 5, so verdreifacht sich der Wert des Bruches. Berechne die Zahl.

e) Vergrößert man $\frac{4}{5}$ um den Kehrwert einer Zahl, ist die Summe 1. Bestimme die Zahl.

f) Verkleinert man $\frac{3}{2}$ um den doppelten Kehrwert einer Zahl, ist die Differenz $\frac{1}{2}$. Berechne die Zahl.

© VERITAS Verlag Linz. – Durchstarten Mathematik 4. Klasse Mittelschule/AHS. Lernhilfe

Teilungsaufgaben

> Eine Erbschaft in der Höhe von 36 000 € soll unter drei Erben im Verhältnis 1 : 2 : 3 aufgeteilt werden. Berechne, wie viel Euro jeder der drei Erben erhält.
>
> 1 Teil = 1t   Der erste bekommt einen Teil des Erbes.
> 2 Teile = 2t   Der zweite zwei Teile davon und
> 3 Teile = 3t   der dritte drei Teile.
>
> $t + 2t + 3t = 36\,000$ Zusammen ergeben die drei Teile das Erbe.
> $6t = 36\,000$ $|:6$
> $t = 6\,000$ $2t = 12\,000$ $3t = 18\,000$
>
> Die drei Erben bekommen jeweils 6 000 €, 12 000 € bzw. 18 000 €.

- In der Sprache der Mathematik bedeutet „die Hälfte **von**", „zwei Drittel **von**" usw. immer eine **Multiplikation**:

Die Hälfte von x: $\frac{1}{2} \cdot x$

zwei Drittel von x: $\frac{2}{3} \cdot x$

> Ein Gewinn von 16 000 € wird auf zwei Preisträger so aufgeteilt, dass der zweite $\frac{3}{5}$ vom Anteil des ersten erhält, Berechne, wie viel Euro jeder bekommt.
>
> x ...   Anteil des ersten Gewinners
> $\frac{3}{5} \cdot x$ ...   Anteil des zweiten Gewinners
>
> $x + \frac{3}{5} \cdot x = 16\,000$ Zusammen sind die beiden Gewinne der Gesamtgewinn.
>
> $\frac{8}{5} \cdot x = 16\,000$ $|:\frac{8}{5}$
>
> $x = 10\,000$
>
> Die Gewinner bekommen 10 000 € bzw. 6 000 €.

151 Setze eine Gleichung an und bestimme die Lösung.

a) Ein Gewinn von 45 000 € wird im Verhältnis 5 : 3 : 1 auf drei Preisträger aufgeteilt. Wie viel Euro bekommt jeder der Gewinner?

b) 10 400 € sollen auf drei Personen *A*, *B* und *C* so aufgeteilt werden, dass *B* dreimal so viel wie *A* und *C* dreimal so viel wie *B* bekommt. Welchen Betrag erhält jede der drei Personen?

c) Von 640 € erhält Julian $\frac{3}{5}$ vom Anteil von Ida. Berechne, wie viel Euro Ida und Julian bekommen.

d) 16 650 € werden auf drei Personen *A*, *B* und *C* aufgeteilt. *B* erhält $\frac{2}{3}$ des Anteils von *A* und *C* erhält die Hälfte des Anteils von *B*. Berechne die Anteile von *A*, *B* und *C*.

152 Löse durch Ansetzen einer Gleichung.

a) Isabel verwendet 60% des jährlichen Einkommens für Essen und Wohnen, 12% für Kleidung und Wäsche, 10% für sonstige Ausgaben und spart jährlich 4 320 €. Berechne das Jahreseinkommen von Isabel.

b) In einem Betrieb arbeiten 1 600 Personen. Die Hälfte kommt mit dem eigenen PKW zur Arbeit. Von den Angestellten sind es 75%, von den Arbeiterinnen und Arbeitern 35%, die mit dem PKW kommen. Wie viele Angestellte bzw. Arbeiterinnen und Arbeiter hat der Betrieb?

Üben

Mischungsaufgaben

6 kg Tee mit einem Kilopreis von 4 € werden mit 2 kg Tee mit einem Kilopreis von 6 € zu einer neuen Sorte gemischt.
Bestimme den Kilopreis der Mischung.

Die Angabe wir in einer **Tabelle** übersichtlich angeschrieben:

	Menge in kg	Preis pro kg	Gesamtpreis
1. Teesorte	6	4	6 · 4 = 24
2. Teesorte	2	6	2 · 6 = 12
Mischung	8	x	8 · x

Die **Gleichung** wird mit der **letzten Spalte** (Gesamtpreis) aufgestellt:
$$24 + 12 = 8x$$
$$36 = 8x$$
$$4{,}5 = x$$

Der Kilopreis der Mischung ist 4,50 €.

- In Mischungsaufgaben können auch Prozentangaben vorkommen

10 Liter einer 40%igen Säure werden mit 15 Litern einer 30%igen Säure gemischt.
Bestimme den Prozentgehalt der Mischung.

	Menge in Litern	Prozentgehalt	reine Säure
1. Säure	10	40% = 0,4	10 · 0,4 = 4
2. Säure	15	30% = 0,3	15 · 0,3 = 4,5
Mischung	25	x	25 · x

Die Gleichung wird mit der letzten Spalte aufgestellt:
$$4 + 4{,}5 = 25x$$
$$8{,}5 = 25x$$
$$0{,}34 = x$$

Die Mischung ist 34%ig.

- In der Tabelle können auch andere Werte zu bestimmen sein. Der Ansatz der Gleichung erfolgt immer mit der letzten Spalte der Tabelle.

Zwei Kaffeesorten zu einem Kilopreis von 8 € bzw. 13,20 € werden zu 8 kg Kaffee mit einem Kilopreis von 9,30 € gemischt. Wie viel kg der einzelnen Sorten muss man nehmen?

	Menge in kg	Preis pro kg	Gesamtpreis
1. Kaffeesorte	x	8	$x \cdot 8$
2. Kaffeesorte	$8 - x$	13,2	$(8 - x) \cdot 13,2$
Mischung	8	9,3	$8 \cdot 9,3$

$$8 \cdot x + (8 - x) \cdot 13,2 = 8 \cdot 9,3$$
$$8 \cdot x + 105,6 - 13,2 \cdot x = 74,4 \qquad | -105,6$$
$$-5,2 \cdot x = -31,2 \qquad | : (-5,2)$$
$$x = 6$$

Man nimmt 6 kg der ersten und 2 kg der zweiten Kaffeesorte.

153 Schreibe die Informationen in einer Tabelle an, stelle eine Gleichung auf und
✳ ermittle die Lösung.
✳
a) Zwei Sorten Süßigkeiten werden gemischt. 5 kg der Sorte *A* mit einem Kilopreis von 14 € und 10 kg der Sorte *B* mit einem Kilopreis von 20 €. Berechne den Kilopreis der Mischung.

b) Zwei Sorten Kaffee mit Kilopreisen von 5,50 € und 6,50 € werden zu 40 kg Kaffee mit einem Kilopreis von 6,20 € gemischt. Berechne, wie viel kg der einzelnen Sorten man nimmt.

c) Ein Tankwart stellt ein Zweitaktgemisch aus 3 Litern Motoröl und 150 Litern Benzin her. Das Benzin kostet 1,40 € pro Liter. Das Gemisch kostet 1,57 € pro Liter. Berechne, wie viel 1 Liter des Motoröls kostet.

d) 600 Liter eines Getränks bestehen zu 70% aus Fruchtsaft und werden mit 800 Liter einer anderen Getränkesorte gemischt. Die Mischung hat einen Fruchtsaftgehalt von 60%. Wie viel Prozent Fruchtsaft enthält die zweite Sorte?

e) Zu 80 Litern 70%iger Säure soll so viel Wasser hinzugefügt werden, dass 50%ige Säure entsteht. Wie viel Liter Wasser müssen hinzugefügt werden?
(Hinweis: Wasser hat einen Säuregehalt von 0%.)

f) Wie hoch ist der Prozentgehalt einer Mischung, die durch Mischen von 2 Litern 45%igem und 3 Litern 90%igem Alkohol entsteht?

© VERITAS Verlag Linz. – Durchstarten Mathematik 4. Klasse Mittelschule/AHS. Lernhilfe

Bewegungsaufgaben

- Bei Bewegungsaufgaben wird die physikalische Formel für das Aufstellen einer Gleichung verwendet, die einen Zusammenhang zwischen dem zurückgelegten Weg, der Geschwindigkeit und der Zeit herstellt:

REGEL

> **Weg = Geschwindigkeit mal Zeit**
>
> $s = v \cdot t$

- Meist treten zwei Aufgabentypen auf, aus denen sich Gleichungen ergeben:
Aufgabentyp 1: Zwei Fahrzeuge fahren zu unterschiedlichen Zeiten vom selben Ort in dieselbe Richtung:

Weg 1. Fahrzeug = Weg 2. Fahrzeug

- **Aufgabentyp 2:** Zwei Fahrzeuge fahren zu bestimmten Zeiten aus verschiedenen Orten einander entgegen:

Gesamtweg = Weg 1. Fahrzeug + Weg 2. Fahrzeug

Aufgabentyp 1

Ein Auto fährt mit 80 km/h von Ort A los. 30 Minuten später (= halbe Stunde) fährt dem ersten Auto von A aus ein zweites Auto mit 100 km/h hinterher. Nach welcher Zeit und welcher Entfernung von A holt das zweite Auto das erste ein?

Der Weg wird in Kilometer, die Zeit in Stunden angegeben.
Die Zeit für das erste Auto wird mit x bezeichnet und der Sachverhalt in einer Tabelle dargestellt:

	Geschwindigkeit in km/h	Zeit bis zum Treffpunkt in h	Weg in km
1. Auto	80	x	80x
2. Auto	100	x – 0,5	$100 \cdot (x - 0{,}5)$

x – 0,5 ... das zweite Auto fährt im Vergleich zum ersten eine halbe Stunde kürzer, da es später startet.
Mit der letzten Spalte wird eine Gleichung angesetzt.
Beide Autos legen denselben Weg zurück:

$$80x = 100 \cdot (x - 0{,}5)$$
$$80x = 100x - 50 \qquad | - 100x$$
$$-20x = -50 \qquad | : (-20)$$
$$x = 2{,}5$$

> Das zweite Auto holt das erste nach 2,5 h in einer Entfernung von 80 · 2,5 = 200 km von A ein.

 **154** Schreibe die Informationen im Text in einer Tabelle an, stelle eine Gleichung auf und bestimme die Lösung.

a) Ein Auto fährt mit 60 km/h von Ort *A* los. Eine Stunde später fährt dem ersten Auto von *A* aus ein zweites mit 90 km/h hinterher. Nach welcher Zeit und welcher Entfernung von *A* holt das zweite Auto das erste ein?

b) Ein Auto fährt mit 70 km/h von Ort *A* los. 45 Minuten später fährt dem ersten Auto von *A* aus ein zweites mit 100 km/h hinterher. Nach welcher Zeit und welcher Entfernung von *A* holt das zweite Auto das erste ein?

c) Ein PKW fährt mit einer bestimmten Geschwindigkeit von Ort *A* los. Eine viertel Stunde später folgt dem ersten PKW von *A* aus ein zweiter PKW mit einer um 30 km/h höheren Geschwindigkeit. Der zweite PKW holt den ersten nach einer Stunde ein. Bestimme die Geschwindigkeiten der PKWs.

Aufgabentyp 2

Zwei Orte A und B sind 250 km voneinander entfernt. Ein Auto fährt mit 80 km/h von A nach B, eine Stunde später ein Auto mit 90 km/h von B nach A. Nach welcher Zeit und in welcher Entfernung von A treffen sich die Autos?

Der Weg wird in Kilometer, die Zeit in Stunden angegeben.

x ... Zeit des ersten Autos, bis zum Treffpunkt

$x - 1$ ... Zeit des zweiten Autos bis zum Treffpunkt

	Geschwindigkeit in km/h	Zeit bis zum Treffpunkt in h	Weg in km
1. Auto	80	x	$80x$
2. Auto	90	$x - 1$	$90 \cdot (x - 1)$

$$80x + 90 \cdot (x - 1) = 250$$
$$80x + 90x - 90 = 250$$
$$170x - 90 = 250 \mid + 90$$
$$170x = 340 \mid : 170$$
$$x = 2$$

Die Autos treffen sich nach 2 Stunden und sind $80 \cdot 2 = 160$ km von A entfernt.

 **155** Schreibe die Informationen im Text in einer Tabelle an, stelle eine Gleichung auf
 und bestimme die Lösung.

a) Zwei Orte A und B sind 435 km voneinander entfernt. Ein Auto fährt mit 70 km/h
von A nach B, eine dreiviertel Stunde später ein Auto mit 100 km/h von B nach A.
Nach welcher Zeit und in welcher Entfernung von A treffen sich die Autos?

b) Zwei Orte A und B sind 55 km voneinander entfernt. Zwei Autos starten gleichzeitig
in den beiden Orten und fahren mit 75 km/h bzw. 90 km/h einander entgegen.
Wann begegnen sie einander?

c) Timo und Isabel leben in 42 km voneinander entfernten Orten A und B. Die beiden
fahren mit dem Fahrrad einander entgegen. Timo startet um 14 Uhr mit einer
Geschwindigkeit von 18 km/h, 10 Minuten später Isabel mit 21 km/h. Um wie viel
Uhr und wie weit von A entfernt treffen sie sich?

L **Vergleich von zwei Größen**

- Bei geometrischen Figuren ändern sich Größen wie der **Umfang** oder der
  Flächeninhalt, wenn sich Längen ändern.

- Durch den Vergleich der ursprünglichen mit der neuen Größe entsteht eine
  Gleichung.

*Vergrößert man die Seitenlängen eines Quadrats um 3 cm, wird der Flächeninhalt
des neuen Quadrats um 57 cm² größer.*
Bestimme die Seitenlänge des ursprünglichen Quadrats.

	altes Quadrat	neues Quadrat
Seitenlänge	x	$x + 3$
Flächeninhalt	x^2	$(x + 3)^2$

Der Vergleich der Flächeninhalte führt zur Gleichung:

$x^2 + 57 = (x + 3)^2$

$x^2 + 57 = x^2 + 6x + 9$ $\quad | - x^2, - 9$

$\quad 48 = 6x$ $\qquad | : 6$

$\quad\quad 8 = x$ $\qquad$ *Die Seitenlänge des ursprünglichen*
$\qquad\qquad\qquad\qquad$ *Quadrats ist 8 cm.*

Wissen

Üben

 **156** Schreibe den Text als Gleichung an.

✳
✳

> Der Flächeninhalt A_1 eines Quadrats ist um 20 Flächeneinheiten größer als der
> Flächeninhalt A_2 eines zweiten Quadrats.
>
> $$A_1 - 20 = A_2 \qquad oder \qquad A_1 = A_2 + 20$$

a) Der Flächeninhalt A_1 eines Quadrats ist um 12 Flächeneinheiten kleiner als der
Flächeninhalt A_2 eines zweiten Quadrats.

b) Der Flächeninhalt A_1 eines Quadrats ist um 45 Flächeneinheiten größer als der
Flächeninhalt A_2 eines zweiten Quadrats.

c) Der Flächeninhalt A_1 eines Quadrats ist doppelt so groß wie der Flächeninhalt A_2
eines zweiten Quadrats.

d) Der Flächeninhalt A_1 eines Quadrats ist halb so groß wie der Flächeninhalt A_2 eines
zweiten Quadrats.

 157 Schreibe die Informationen des Textes in einer Tabelle an, stelle eine Gleichung
auf und löse diese.

✳
✳
✳

a) Verkleinert man die Seitenlängen eines Quadrats um 7 cm, wird der Flächeninhalt
des neuen Quadrats um 119 cm² kleiner. Berechne die Seitenlänge des
ursprünglichen Quadrats.

b) Verkürzt man eine Seitenlänge eines Quadrats um 2 cm und verlängert die andere
um 4 cm, ist der Umfang des so entstehenden Rechtecks um 4 cm länger als der
Umfang des Quadrats. Berechne die Seitenlänge des Quadrats.

c) Verkürzt man eine Seitenlänge eines Quadrats um 3 cm und verlängert die andere
um 5 cm, ist der Flächeninhalt des so entstehenden Rechtecks um 15 cm² größer als
der Flächeninhalt des Quadrats. Berechne die Seitenlänge des Quadrats.

d) Die Länge eines Rechtecks ist doppelt so lang wie die Breite. Verlängert man die
Seiten des Rechtecks um jeweils 4 cm, ist der Flächeninhalt des neuen Rechtecks um
112 cm² größer als der des ursprünglichen. Berechne die Seitenlängen des
ursprünglichen Rechtecks.

e) Die Länge eines Rechtecks ist dreimal so lang wie die Breite. Verkürzt man die Seiten
des Rechtecks um jeweils 2 cm, ist der Flächeninhalt des neuen Rechtecks um 44 cm²
kleiner als der des ursprünglichen. Berechne die Seitenlängen des ursprünglichen
Rechtecks.

M Formeln – Auswirkungen von Größenänderungen

▪ Formeln sind **Gleichungen**, in denen der Zusammenhang zwischen verschiedenen Größen beschrieben wird.

> 1. Die Formel $u = 2 \cdot (a + b)$ beschreibt den Zusammenhang zwischen den Seitenlängen a und b eines Rechtecks und dem Umfang u.
>
> 2. Die Formel $V = x^2 \cdot h$ gibt den Zusammenhang zwischen der Seitenlänge der Grundfläche eines geraden quadratischen Primas, dessen Höhe h und dem Rauminhalt (Volumen) V an.

▪ Veränderungen von Größen in einer Formel können eine Veränderung der durch die Formel beschriebenen Größe (u, V ...) bewirken.

> Wie ändert sich das Volumen $V = x^2 \cdot h$ eines geraden quadratischen Prismas, wenn man (1) die Höhe h verdoppelt, (2) die Kantenlänge x verdoppelt, (3) die Höhe h viertelt und die Kantenlänge x verdoppelt?
>
> 1. Man setzt für die Größe h den verdoppelten Wert $2 \cdot h$ ein und erhält die neue Größe $V_{neu} = x^2 \cdot 2 \cdot h$.
> Um die Veränderung von V zu V_{neu} zu verdeutlichen, bildet man den gekürzten Quotienten $\frac{V_{neu}}{V} = \frac{x^2\, 2\, h}{x^2\, h} = 2$.
> Das heißt, wird **h verdoppelt**, **verdoppelt** sich auch **V**.
>
> 2. Man setzt für die Größe x den verdoppelten Wert $2 \cdot x$ ein und erhält die neue Größe $V_{neu} = (2 \cdot x)^2 \cdot h = 4 \cdot x^2 \cdot h$.
> Jetzt wird der gekürzte Quotient $\frac{V_{neu}}{V} = \frac{4\, x^2\, h}{x^2\, h} = 4$ gebildet und man erkennt, dass eine **Verdoppelung von x** eine **Vervierfachung des Volumens** V nach sich zieht.
>
> 3. Man setzt für x und h die veränderten Werte $2 \cdot x$ und $\frac{h}{4}$ ein und erhält $V_{neu} = (2 \cdot x)^2 \cdot \frac{h}{4} = 4 \cdot x^2 \cdot \frac{h}{4} = x^2 \cdot h$.
> Da $\frac{V_{neu}}{V} = 1$ ist, ändert sich das Volumen V nicht, wenn x verdoppelt wird und h geviertelt wird.

TEST

Online-Test
Finde heraus, ob du das Thema dieses Kapitels schon drauf hast. Einfach QR-Code scannen und los geht's!

158 Der Flächeninhalt A eines Rechtecks mit den Seitenlängen a und b wird mit der Formel $A = a \cdot b$ berechnet. Wie wirkt es sich auf A aus, wenn a und b wie folgt verändert werden?

a) a wird verdoppelt ⎵⎵⎵ b) b wird verdreifacht ⎵⎵⎵ c) a und b werden vervierfacht

159 Für den Umfang u eines Quadrats mit der Seitenlänge x gilt: $u = 4 \cdot x$. Wie wirkt es sich auf u aus, wenn x wie folgt verändert wird? Ergänze den Text mit den passenden Satzteilen.

> *Vervierfachung, geviertelt, verdoppelt, verdreifacht, halbiert, Drittelung*

a) Wird x verdoppelt, dann _____ sich der Umfang u.

b) Halbiert man die Länge x, wird der Umfang u _____.

c) Eine Verdreifachung der Seitenlänge x bewirkt eine _____ des Umfangs u.

d) Der Umfang u verkleinert sich auf ein Viertel, wenn die Seitenlänge x _____ wird.

160 Für den Flächeninhalt A eines Quadrats mit der Seitenlänge s gilt: $A = s^2$. Kreuze die richtigen Aussagen an.

Wird s verdoppelt, verdoppelt sich auch A.	☐
Wenn man s verdreifacht, verneunfacht sich der Flächeninhalt A.	☐
A wird geviertelt, wenn man die Seitenlänge s halbiert.	☐
A wird geviertelt, wenn man die Seitenlänge s viertelt.	☐
Wenn man s verdoppelt, vervierfacht sich die Größe A.	☐

161 Das Volumen V eines Quaders mit den Kantenlängen x, y und z wird mit der Formel $V = x \cdot y \cdot z$ berechnet. Wie wirkt es sich auf V aus, wenn x, y und z wie folgt verändert werden?

a) x und y werden verdoppelt, z bleibt unverändert.

b) x wird verdoppelt, y wird verdreifacht und z wird vervierfacht.

c) x wird halbiert, y wird vervierfacht und z wird verdoppelt.

d) x bleibt unverändert, y und z werden halbiert.

162 Bewegt sich ein Körper, der die Masse m hat, mit der Geschwindigkeit v auf einer Kreisbahn mit dem Radius r, berechnet man die dabei auftretende Zentripedalkraft F nach der Formel $F = \frac{m \cdot v^2}{r}$. Wie wirkt es sich auf F aus, wenn m, v und r wie folgt verändert werden?

a) m wird vervierfacht, v wird halbiert und r bleibt unverändert.

b) r wird halbiert, m und v bleiben unverändert.

c) m wird verdoppelt, r wird halbiert, v bleibt unverändert.

© VERITAS Verlag Linz. – Durchstarten Mathematik 4. Klasse Mittelschule/AHS. Lernhilfe

Statistik

A Statistische Kennzahlen (Lageparameter)

- Die Statistik bietet eine Möglichkeit, Daten zu erfassen und darüber Aussagen zu machen.

- Die Lageparameter dienen dabei zur Beschreibung der „Mitte" einer Datenreihe.

Mittelwert (arithmetisches Mittel)

REGEL

$$\text{Mittelwert} = \overline{x} = \frac{\textit{Summe der Messwerte}}{\textit{Anzahl der Messwerte}}$$

Diego gibt von Montag bis Freitag täglich 28 €, 25 €, 20 €, 22 € und 30 € aus.

$$\overline{x} = \frac{28 + 25 + 20 + 22 + 30}{5} = \frac{125}{5} = 25 \ \text{€/Wochentag}$$

Durchschnittlich gibt Diego 25 € pro Tag aus.

Modalwert (Modus)

- Der Modalwert ist der am häufigsten vorkommende Wert in einer Datenreihe.

- Es kann **mehrere** Modalwerte geben. Es kann aber auch **keinen** Modalwert geben.

a) Der Modalwert der Datenreihe 13, 14, 14, 15, 17, 20 ist 14.

b) Die Modalwerte der Datenreihe 3, 4, 6, 6, 6, 7, 8, 8, 9, 9, 9 sind 6 und 9.

c) Die Datenreihe 12, 26, 33, 36, 40 und 50 hat keinen Modalwert.

Median (Zentralwert)

- Der Median steht genau in der Mitte einer **geordneten** Datenreihe.

- Der Median ist für eine **ungerade** Anzahl von Daten ein Element der Daten, für eine **gerade** Anzahl von Daten nicht.

> *a)* Die Datenreihe 12, 15, 22, 25, 30, 33, 40 hat den Median 25.
>
> *b)* Die Datenreihe 11, 17, 18, 20, 22, 28 hat den Median
>
> $\dfrac{18 + 20}{2} = 19$.
>
> *Bei einer geraden Anzahl von Daten ist der Median der* **Mittelwert** *der zwei in der Mitte stehenden Werte und gehört nicht zu den Daten.*

- Der Median teilt die geordnete Datenreihe in zwei gleich große Teile.

163 ✱ An einem Ort werden von Jänner bis Juni folgende Niederschlagsmengen gemessen. Berechne die mittlere monatliche Niederschlagsmenge.

a) 60 mm, 112 mm, 40 mm, 85 mm, 120 mm, 161 mm

b) 44 mm, 50 mm, 65 mm, 76 mm, 110 mm, 120 mm

c) 42 mm, 49 mm, 55 mm, 30 mm, 90 mm, 50 mm

164 ✱ Ein Betrieb produziert zylindrische Scheiben. Es werden die Massen (in Gramm) in einer Stichprobe von zehn Scheiben gemessen. Bestimme die mittlere Masse pro Scheibe.

a) 20, 25, 22, 24, 26, 24, 23, 24, 26, 25

b) 30, 29, 31, 30, 32, 29, 30, 30, 33, 29

c) 55, 56, 56, 54, 55, 56, 53, 56, 55, 57

© VERITAS Verlag Linz. – Durchstarten Mathematik 4. Klasse Mittelschule/AHS. Lernhilfe

165 Gib den Median der Schularbeitsnoten einer Klasse an.

	Noten	Median
a)	1 1 1 2 2 2 2 2 2 3 3 3 3 3 3 3 3 4	
b)	1 1 2 2 2 3 3 3 3 3 3 4 4 4 4 4 4 5 5 5	
c)	1 1 2 2 2 2 3 3 3 3 3 3 3 3 3 3 4 4 5 5 5 5	

166 Eine Gruppe von Studenten wird nach dem Alter (in Jahren) gefragt. Bestimme
den Median.

a) 23, 20, 21, 20, 24, 25, 21, 20, 26, 20, 19

b) 24, 20, 19, 19, 24, 25, 28, 20, 21, 23, 24, 24, 21, 24

c) 20, 20, 19, 23, 28, 22, 22, 24, 27, 24, 20, 22

167 Bei einem Test können maximal 24 Punkte erreicht werden.
Gib den Modalwert/die Modalwerte (Modi) und den Median an.

	Daten	Modus/Modi	Median
a)	18 19 21 22 22 17 24 24 21 21 15 12 15 7		
b)	18 19 22 15 24 19 19 17 22 19 9 10 5 19		
c)	24 19 17 12 18 19 19 12 24 12 13 12 4		

B **Streumaße**

- Die Streumaße geben an, wie weit die Daten um die „Datenmitte" streuen. Sie geben den Bereich an, in dem die Daten verteilt sind.

- Die Aussagekraft des Mittelwerts kann dadurch besser beurteilt werden.

- Gibt es in einer Datenreihe im Vergleich zu den anderen Daten einzelne übermäßig große bzw. kleine Werte (**Ausreißer**), beeinflussen diese den Mittelwert.

Spannweite

- Die **Spannweite R** (benannt nach dem englischen *range* = „Reichweite") ist die **Differenz** zwischen dem größten (**Maximum**) und dem kleinsten Wert (**Minimum**) der Daten.

REGEL

$$R = x_{max} - x_{min}$$

- Die Spannweite wird von Ausreißern stark beeinflusst.

Mittlere absolute Abweichung vom Mittelwert d

- Man berechnet die Differenzen der einzelnen Daten x_1, x_2, x_3,… x_n und des Mittelwerts $\bar{x}$ und nimmt von diesen Differenzen die **Absolutbeträge** (diese machen negative Differenzen positiv!).

- Dann addiert man die Differenzen und dividiert die Summe durch die Anzahl n der Daten.

REGEL

$$d = \frac{|x_1 - \bar{x}| + |x_2 - \bar{x}| + |x_3 - \bar{x}| + \ldots |x_n - \bar{x}|}{n}$$

Das Alter (in Jahren) von Personen in einer Gruppe wird erhoben. Berechne d.
17, 17, 18, 19, 19, 20, 21, 21, 25, 25

$\bar{x} = \dfrac{17 + 17 + 18 + \ldots + 25}{10} = 20{,}2$ *Jahre*

$d = \dfrac{|17 - 20{,}2| + |17 - 20{,}2| + \ldots + |25 - 20{,}2|}{10} = 2{,}24$ *Jahre*

- *d* wird von Ausreißern beeinflusst.

> Das Alter (in Jahren) von Personen in einer Gruppe wird erhoben. Berechne d.
>
> 17, 17, 18, 19, 19, 20, 21, 21, 25, 60 ← *Ausreißer*
>
> $\bar{x} = (17 + 17 + 18 + ... + 60) : 10 = 23{,}7$ Jahre
>
> $d = \dfrac{|17 - 23{,}7| + |17 - 23{,}7| + ... + |60 - 23{,}7|}{10} = 7{,}52$ Jahre

- Man erkennt: Das arithmetische Mittel wird ebenfalls von Ausreißern stark beeinflusst.

Varianz / Standardabweichung

- Die Differenzen kann man auch durch **Quadrieren** gegebenenfalls positiv machen.

- Man erhält die **mittlere quadratische Abweichung** vom Mittelwert, die sogenannte **Varianz** s^2.

- Zieht man aus der Varianz die Wurzel, erhält man die **Standardabweichung** s.

REGEL

$$s^2 = \frac{(x_1 - \bar{x})^2 + (x_2 - \bar{x})^2 + ... (x_n - \bar{x})^2}{n}$$

$$s = \sqrt{\frac{(x_1 - \bar{x})^2 + (x_2 - \bar{x})^2 + ... + (x_n - \bar{x})^2}{n}}$$

Wissen

Üben

168 Eine Maschine produziert Stahlstifte. Es werden zehn Stifte aus der Produktion
herausgegriffen und deren Längen (in mm) kontrolliert. Berechne den
Mittelwert der Längen und die Standardabweichung.

a) 35,1   35,2   35,1   34,0   33,9   35,2   35,0   34,9   35,2   35,3

b) 25,0   24,9   25,1   24,8   25,2   25,0   24,8   25,3   25,0   24,8

169 Gegeben sind die mittleren monatlichen Temperaturen in °C an zwei Orten *A*
✳ und *B*. Berechne jeweils das arithmetische Mittel und die Standardabweichung.
✳ An welchem Ort weichen die Temperaturen stärker vom Mittelwert ab?

A: 12   14   15   18   20   25   29   30   26   21   17   14
B: 19   19   20   20   21   21   22   23   22   20   17   17

170 Berechne jeweils den Mittelwert und die Standardabweichung.

✳ **a)** Stella notiert sich eine Woche lang, wie lange sie von zuhause in die Schule braucht:
✳ Am Montag waren es 9 Minuten, am Dienstag 8 Minuten, am Mittwoch
10 Minuten, Donnerstag 11 Minuten und Freitag 7 Minuten.

b) Florian schreibt sich eine Woche lang auf, wie lang er schläft:

MO	DI	MI	DO	FR	SA	SO	
6	7	6,5	7,5	6,5	8	8,5	(in Stunden)

c) Chiara fragt die Kinder in der Nachbarschaft nach ihrem Alter und erhält folgenden
Datenmenge:

9   10   12   13   14   14   16   16   17   18

DURCH STARTEN

MATHEMATIK
4, Klasse Mittelschule / AHS
Lösungen

4

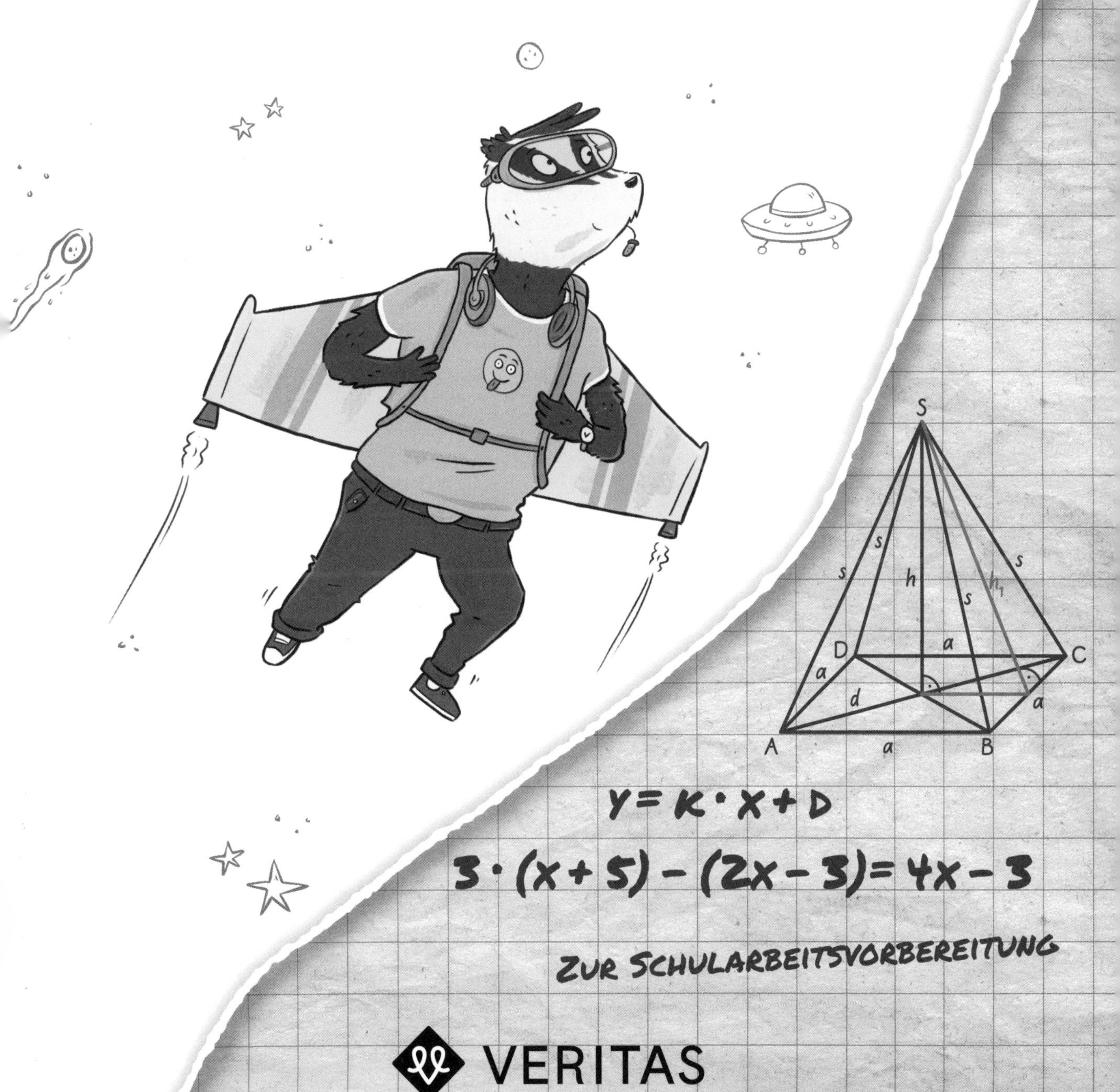

$$y = k \cdot x + d$$

$$3 \cdot (x + 5) - (2x - 3) = 4x - 3$$

ZUR SCHULARBEITSVORBEREITUNG

VERITAS

Liebe Eltern!

Dieses Lernhilfebuch umfasst **alle wichtigen Lerninhalte der 4. Klasse in Mathematik**. Damit ist Durchstarten **der ideale Lernbegleiter durch das gesamte Schuljahr**. Egal, welches Thema in der Schule gerade besprochen wird, Durchstarten bietet dazu **verständliche Erklärungen, umfangreiche Übungen** in drei Schwierigkeitsgraden. Sie müssen sich nicht mehr überlegen, wo Sie passende Übungen für Ihr Kind herbekommen oder wie Sie das Thema Ihrem Kind noch einmal verständlich erklären können – Durchstarten erledigt das für Sie!

Damit entlastet Sie Durchstarten und verhilft Ihnen zu einem entspannten Familienleben ohne Schul- und Notenstress.

Wie das Üben mit dem Buch **funktioniert**, lesen Sie bitte auf der **inneren Umschlagseite** 2 nach.

Wo Sie das jeweils passende **Übungsthema** finden, steht vorne im **Inhaltsverzeichnis.**

Wenn Ihr Kind die **Mittelschule** besucht, wird es in Mathematik im **Leistungsniveau „Standard"** oder **„Standard AHS"** unterrichtet. Die Übungen mit einem ✱ oder zwei ✱✱ entsprechen dem Leistungsniveau „Standard", die Übungen mit drei ✱✱✱ dem Leistungsniveau „Standard AHS". So kann Ihr Kind **je nach** seinem **Leistungsniveau optimal trainieren und** sich **verbessern.**

Unsere Leitlinien
- Diese Durchstarten-Lernhilfe wurde **von erfahrenen PädagogInnen / LehrerInnen entwickelt.**
- Wir orientieren uns an den **aktuellen Anforderungen des österreichischen Lehrplans.**
- Diese Lernhilfe kann **unabhängig vom jeweils verwendeten Schulbuch** eingesetzt werden.
- Bei der Produktentwicklung haben wir den Fokus auf die Anforderungen und **Wünsche von Ihnen und Ihrem Kind** gelegt.
- Digitale Inhalte und Funktionen werden nur dort eingesetzt, wo sie das **Lernen sinnvoll unterstützen.**

Immer am neuesten Stand
Auf www.durchstarten.at informieren wir Sie über alle verfügbaren Titel der Durchstartenreihe und u. a. darüber, welche Vorteile Durchstarten für Sie bietet.

Wir wünschen Ihnen und Ihrem Kind ein erfolgreiches Schuljahr in der 4. Klasse!

Ihr Durchstartenteam

1 a) 121   c) 900   e) $\frac{1}{25}$

     b) 400   d) 36   f) $\frac{64}{121}$

2 a) 10   c) 8   e) 18

     b) 5   d) 12   f) 15

3 a) $\sqrt{16}$ c) $\sqrt{900}$ e) $\sqrt{\frac{4}{81}}$

     b) $\sqrt{144}$ d) $\sqrt{0,25}$ f) $\sqrt{\frac{4}{121}}$

4 a) $\sqrt{289} = 17$, da $17^2 = 289$ d) $\sqrt{38,44} = 6,2$, da $6,2^2 = 38,44$
     b) $\sqrt{625} = 25$, da $25^2 = 625$ e) $\sqrt{13,69} = 3,7$, da $3,7^2 = 13,69$
     c) $\sqrt{1\,600} = 40$, da $40^2 = 1\,600$ f) $\sqrt{98,01} = 9,9$, da $9,9^2 = 98,01$

5 a) $a = \sqrt{256} = 16$ cm   c) $a = 41$ cm   e) $a = \sqrt{x}$ cm
     b) $a = 33$ cm   d) $a = 5,9$ cm   f) $a = \sqrt{y^2} = y$ cm

6 a) $2 < \sqrt{5} < 3$ c) $5 < \sqrt{31} < 6$ e) $9 < \sqrt{90} < 10$
     b) $3 < \sqrt{10} < 4$ d) $6 < \sqrt{40} < 7$ f) $10 < \sqrt{111} < 11$

7 $1^2 = 1 < 2$ und $2^2 = 4$, d.h., $\sqrt{2}$ liegt zwischen 1 und 4
     $1 < \sqrt{2} < 4$
     $1,4^2 = 1,96 < 2$ und $1,5^2 = 2,25 > 2$
     $1,4 < \sqrt{2} < 1,5$
     $1,41^2 = 1,9881 < 2$ und $1,42^2 = 2,0164 > 2$
     $1,41 < \sqrt{2} < 1,42$
     $1,414^2 = 1,9994 < 2$ und $1,415^2 = 2,00223 > 2$
     $1,414 < \sqrt{2} < 1,415$

8 a) $3,464 < \sqrt{12} < 3,465$ c) $7,416 < \sqrt{55} < 7,417$
     b) $5,385 < \sqrt{29} < 5,386$ d) $14,212 < \sqrt{202} < 14,213$

9 a) $\sqrt{29,16} = 5,4$ ist eine endliche Dezimalzahl, daher ist $\sqrt{29,16}$ nicht irrational.
     b) $\sqrt{129,96} = 11,4$ ist eine endliche Dezimalzahl, daher ist $\sqrt{129,96}$ nicht irrational.
     c) $\sqrt{0,7225} = 0,85$ ist eine endliche Dezimalzahl, daher ist $\sqrt{0,7225}$ nicht irrational.

Beispiel S.9

> -1 liegt in der Menge $\mathbb{Z}$.
>
> Daher liegt -1 auch in den Mengen $\mathbb{Q}$ und $\mathbb{R}$.
>
> $\frac{1}{2}$ liegt in der Menge $\mathbb{Q}$.
>
> Daher liegt $\frac{1}{2}$ auch in der Menge $\mathbb{R}$.

10

	5	$-1{,}2$	$\sqrt{100}$	$4\frac{2}{3}$	$0{,}\dot{8}$	0	$\sqrt{31}$	-43	$-\frac{6}{7}$
ℕ	$\in$	$\notin$	$\in$	$\notin$	$\notin$	$\in$	$\notin$	$\notin$	$\notin$
ℤ	$\in$	$\notin$	$\in$	$\notin$	$\notin$	$\in$	$\notin$	$\in$	$\notin$
ℚ	$\in$	$\in$	$\in$	$\in$	$\in$	$\in$	$\notin$	$\in$	$\in$
𝕀	$\notin$	$\notin$	$\notin$	$\notin$	$\notin$	$\notin$	$\in$	$\notin$	$\notin$
ℝ	$\in$	$\in$	$\in$	$\in$	$\in$	$\in$	$\in$	$\in$	$\in$

11

Jede irrationale Zahl ist auch eine reelle Zahl. **richtig**

Jede ganze Zahl ist auch eine rationale Zahl. **richtig**

Jede reelle Zahl ist auch eine irrationale Zahl. **falsch**

Eine ganze Zahl kann natürlich sein. **richtig**

Jede ganze Zahl ist eine natürliche Zahl. **falsch**

Es gibt rationale Zahlen, die natürlich sind. **richtig**

12

Die Zahl 11 gehört zu den rationalen Zahlen, da man sie als Bruch schreiben kann. **richtig**

Es gibt eine größte positive rationale Zahl. **falsch**

$\sqrt{16{,}81}$ ist eine irrationale Zahl. **falsch**

Der Quotient von zwei natürlichen Zahlen ist immer eine natürliche Zahl. **falsch**

Die Differenz von zwei reellen Zahlen ist immer eine reelle Zahl. **richtig**

Jede periodische Dezimalzahl ist eine rationale Zahl. **richtig**

$\frac{\sqrt{2}}{2}$ ist eine irrationale Zahl. **richtig**

Eine unendliche nicht periodische Dezimalzahl kann als Bruch dargestellt werden. **falsch**

13 **a)** $4^2 + 1^2 = x^2 \rightarrow x = \sqrt{17}$ **b)** $3^2 + 1^2 = x^2 \rightarrow x = \sqrt{10}$

14 **a)** $A = -4$ $B = -0{,}5$ $C = \frac{10}{2}$ $D = \sqrt{17}$

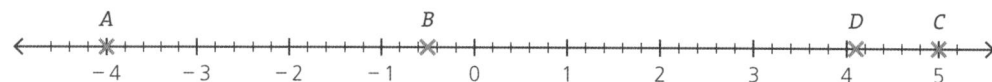

b) $A = -\sqrt{10}$ $B = -1{,}2$ $C = \sqrt{2}$ $D = 4$

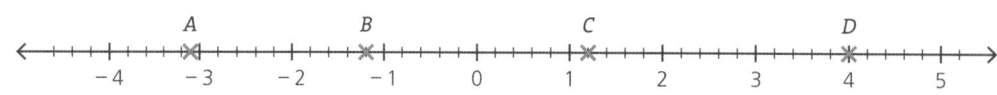

Beispiel S. 11

a	b	$\sqrt{a \cdot b}$	$\sqrt{a} \cdot \sqrt{b}$
16	4	$\sqrt{64} = 8$	$\sqrt{16} \cdot \sqrt{4} = 4 \cdot 2 = 8$
4	9	$\sqrt{36} = 6$	$\sqrt{4} \cdot \sqrt{9} = 2 \cdot 3 = 6$
25	1	$\sqrt{25} = 5$	$\sqrt{25} \cdot \sqrt{1} = 5 \cdot 1 = 5$

Die Ergebnisse sind in beiden Fällen gleich!

© VERITAS Verlag Linz. – Durchstarten Mathematik 4. Klasse Mittelschule / AHS. Lernhilfe

Beispiel S.12

a	b	$\sqrt{\dfrac{a}{b}}$	$\dfrac{\sqrt{a}}{\sqrt{b}}$
16	4	$\sqrt{\dfrac{16}{4}} = \sqrt{4} = 2$	$\dfrac{\sqrt{16}}{\sqrt{4}} = \dfrac{4}{2} = 2$
81	9	$\sqrt{\dfrac{81}{9}} = \sqrt{9} = 3$	$\dfrac{\sqrt{81}}{\sqrt{9}} = \dfrac{9}{3} = 3$
25	100	$\sqrt{\dfrac{25}{100}} = \sqrt{\dfrac{1}{4}} = \dfrac{1}{2}$	$\dfrac{\sqrt{25}}{\sqrt{100}} = \dfrac{5}{10} = \dfrac{1}{2}$

Die Ergebnisse sind in beiden Fällen gleich!

15 a) $7 \cdot 3 = 21$
c) $3 \cdot 4 \cdot 6 = 72$
e) $\dfrac{2}{8} = \dfrac{1}{4}$

b) $5 \cdot 9 = 45$
d) $\dfrac{10}{4} = \dfrac{5}{2}$
f) $\dfrac{3}{12} = \dfrac{1}{4}$

16 a) $0{,}8x$
d) $\dfrac{3x}{15} = \dfrac{x}{5}$

b) $1{,}7y$
c) $\dfrac{xyz}{10a}$

17 a) $6\sqrt{3}$
b) $6\sqrt{6}$
c) $3\sqrt{x}$
d) $4\sqrt{x} - 6\sqrt{y}$

Beispiel S.13

$2 \cdot \sqrt{6} = \sqrt{2^2 \cdot 6} = \sqrt{4 \cdot 6} = \sqrt{24}$
$9 \cdot x \cdot \sqrt{3} = \sqrt{9^2 \cdot x^2 \cdot 3} = \sqrt{243 \cdot x^2}$

Beispiel S.14

$\sqrt{12} = \sqrt{4 \cdot 3} = \sqrt{4} \cdot \sqrt{3} = 2 \cdot \sqrt{3}$
$\sqrt{75} = \sqrt{25 \cdot 3} = \sqrt{25} \cdot \sqrt{3} = 5 \cdot \sqrt{3}$

Beispiel S.14

$\sqrt{20 \cdot x^2 \cdot y} = \sqrt{4 \cdot 5 \cdot x^2 \cdot y} = \sqrt{4} \cdot \sqrt{x^2} \cdot \sqrt{5 \cdot y} = 2 \cdot x \cdot \sqrt{5 \cdot y}$
$\sqrt{49 \cdot a \cdot b^2} = \sqrt{49} \cdot \sqrt{b^2} \cdot \sqrt{a} = 7 \cdot b \cdot \sqrt{a}$

18 a) $\sqrt{16 \cdot 7} = \sqrt{112}$
c) $\sqrt{x^2 \cdot 3}$
b) $\sqrt{64 \cdot 2} = \sqrt{128}$
d) $\sqrt{3^2 \cdot y^2 \cdot 7} = \sqrt{63 \cdot y^2}$

19 a) $\sqrt{4 \cdot 11} = 2\sqrt{11}$
c) $\sqrt{4 \cdot 13} = 2\sqrt{13}$
e) $x\sqrt{3y}$
b) $\sqrt{9 \cdot 5} = 3\sqrt{5}$
d) $5\sqrt{a}$
f) $xz\sqrt{y}$

20 a) $a = \sqrt[3]{1\,331} = 11$ cm
c) $a = 4{,}5$ cm
b) $a = 27$ cm
d) $a = 3{,}7$ cm

21 a) $8^3 = 512$, $\sqrt[3]{8^3} = 8$, $\sqrt[3]{8} = 2$, $(\sqrt[3]{8})^3 = 8$

b) $64^3 = 262\,144$, $\sqrt[3]{64^3} = 64$, $\sqrt[3]{64} = 4$, $(\sqrt[3]{64})^3 = 64$

Beispiel S.16

$$b^2 + c^2 = a^2$$
$$i^2 + j^2 = k^2$$
$$f^2 + g^2 = e^2$$

22 Errichtet man über den **Katheten** und der **Hypotenuse** eines rechtwinkligen Dreiecks Quadrate, gilt: Die **Summe** der Flächeninhalte der Quadrate über den beiden **Katheten** ist gleich dem Flächeninhalt des **Quadrats** über der **Hypotenuse**.

$16 + 9 = 25$

23 Lösungswort : **DACHS**

24 a) $a = \sqrt{c^2 - b^2}$ $\qquad$ $b = \sqrt{c^2 - a^2}$ $\qquad$ $c = \sqrt{a^2 + b^2}$

b) $x = \sqrt{z^2 - y^2}$ $\qquad$ $y = \sqrt{z^2 - x^2}$ $\qquad$ $z = \sqrt{x^2 + y^2}$

c) $r = \sqrt{t^2 - s^2}$ $\qquad$ $s = \sqrt{t^2 - r^2}$ $\qquad$ $t = \sqrt{r^2 + s^2}$

d) $u = \sqrt{w^2 - v^2}$ $\qquad$ $v = \sqrt{w^2 - u^2}$ $\qquad$ $w = \sqrt{u^2 + v^2}$

Beispiel S.18

$$d = \sqrt{a^2 + b^2} \qquad d = \sqrt{2a^2} = a\sqrt{2}$$
$$a = \sqrt{d^2 - b^2}$$
$$b = \sqrt{d^2 - a^2}$$

25 a) $a = 34,2$ cm $\qquad$ b) $b = 35$ cm $\qquad$ c) $a = 3,5$ cm $\qquad$ d) $b = 2,8$ cm

26 a) $d = 10,5$ cm $\qquad$ b) $d = 85$ cm $\qquad$ c) $d \approx 97,62$ cm $\qquad$ d) $d = 5,5$ cm

27 a) $d \approx 18,38$ cm $\qquad$ b) $d \approx 91,92$ cm $\qquad$ c) $d \approx 16,69$ cm $\qquad$ d) $d \approx 61,09$ cm

28 a) $a = \dfrac{d}{\sqrt{2}} \approx 15,56$ cm $\qquad$ c) $a \approx 31,32$ cm

b) $a \approx 57,28$ cm $\qquad$ d) $a \approx 37,62$ cm

29 a) $c = q + p = 0,9 + 2,5 = 3,4$ cm $\qquad$ b) $c = 5,2$ cm

$h = \sqrt{q \cdot p} = 1,5$ cm $\qquad\qquad\qquad$ $h = 2,4$ cm

$a = \sqrt{h^2 + p^2} \approx 2,92$ cm $\qquad\qquad$ $a \approx 4,33$ cm

$b = \sqrt{h^2 + q^2} \approx 1,75$ cm $\qquad\qquad$ $b \approx 2,88$ cm

30

13 cm, 84 cm, 85 cm	☒
3,5 cm, 8 cm, 9,1 cm	☐
2,4 cm, 7 cm, 7,4 cm	☒
57 cm, 76 cm, 95 cm	☒
7,2 cm, 9,9 cm, 11 cm	☐

31 Es handelt sich um gleichschenklige rechtwinklige Dreiecke!

a) Kathete = 10 mm; Hypotenuse = $\sqrt{10^2 + 10^2} \approx 14{,}14$ mm

Höhe = $\sqrt{10^2 - \left(\frac{14{,}14}{2}\right)^2} \approx 7{,}07$ mm

b) Kathete = $\sqrt{\frac{2{,}83^2}{2}} \approx 2{,}00$ m

Höhe = $\sqrt{2{,}00^2 - \left(\frac{2{,}83}{2}\right)^2} \approx 1{,}415$ m

Beispiel S.20

$$a = \sqrt{h_c^2 + \frac{c^2}{4}} \qquad h_c^2 = a^2 - \frac{c^2}{4} \qquad \left(\frac{c}{2}\right)^2 = a^2 - h_c^2$$

$$h_c = \sqrt{a^2 - \frac{c^2}{4}} \qquad \frac{c}{2} = \sqrt{a^2 - h_c^2}$$

$$c = 2 \cdot \sqrt{a^2 - h_c^2}$$

32   **a)** $h_c = 55$ cm   **b)** $h_c = 16$ cm   **c)** $h_c = 21$ cm   **d)** $h_c = 72$ cm

33   **a)** $c = 3{,}6$ cm   **b)** $c = 5{,}6$ cm   **c)** $c = 19{,}2$ cm   **d)** $c = 19{,}2$ cm

34   **a)** $h_c = 69{,}3$ cm $A = \frac{1}{2} \cdot c \cdot h_c = 2\,245{,}32$ cm² **c)** $h_c = 4{,}5$ cm $A = \frac{1}{2} \cdot c \cdot h_c = 12{,}6$ cm²

b) $h_c = 28$ cm $A = \frac{1}{2} \cdot c \cdot h_c = 588$ cm²   **d)** $h_c = 42$ cm $A = \frac{1}{2} \cdot c \cdot h_c = 1\,680$ cm²

35   **a)** $h \approx 26{,}85$ cm   **b)** $h \approx 14{,}98$ cm

36   **a)** $A \approx 1\,829{,}48$ cm²   **c)** $A \approx 808{,}11$ cm²

b) $A \approx 364{,}16$ cm²   **d)** $A \approx 1\,211{,}75$ cm²

37   **a)** $a = \frac{2h}{\sqrt{3}} \approx 95{,}84$ cm   **c)** $a \approx 86{,}03$ cm

b) $a \approx 63{,}51$ cm   **d)** $a \approx 93{,}76$ cm

38   **a)** $a = \sqrt{\dfrac{4A}{\sqrt{3}}} \approx 12{,}71$ cm   **c)** $a \approx 32{,}24$ cm

       b) $a \approx 20{,}50$ cm   **d)** $a \approx 46{,}54$ cm

39   **a)** $x = \sqrt{3{,}2^2 - 3^2} \approx 1{,}11$ cm   **c)** $x \approx 2{,}04$ cm

       $e = \sqrt{(a + x)^2 + h_a^{\,2}} \approx 6{,}81$ cm $e \approx 7{,}10$ cm

       $f = \sqrt{(a - x)^2 + h_a^{\,2}} \approx 4{,}91$ cm $f \approx 5{,}09$ cm

       b) $x \approx 0{,}92$ cm   **d)** $x \approx 2{,}99$ cm

       $e \approx 7{,}20$ cm $e \approx 6{,}32$ cm

       $f \approx 5{,}46$ cm $f \approx 2{,}00$ cm

40   **a)** $h_a = \sqrt{e^2 - (a + x)^2} \approx 2{,}07$ cm $A = a \cdot h_a \approx 8{,}28$ cm^2

       b) $h_a \approx 2{,}96$ cm $A \approx 14{,}80$ cm^2

41   **a)** $a = \sqrt{\left(\dfrac{e}{2}\right)^2 + \left(\dfrac{f}{2}\right)^2} = 7$ cm   **c)** $a = 7{,}8$ cm

       b) $a = 75$ cm   **d)** $a = 53$ cm

42   **a)** $x = \sqrt{a^2 - h^2} = 2{,}8$ cm   **c)** $x = 1{,}5$ cm

       $e = \sqrt{(a + x)^2 + h^2} = 16$ cm $e \approx 4{,}47$ cm

       $f = \sqrt{(a - x)^2 + h^2} = 12$ cm $f \approx 2{,}24$ cm

       b) $x = 20$ cm   **d)** $x = 2$ cm

       $e \approx 53{,}31$ cm $e \approx 8{,}65$ cm

       $f \approx 22{,}85$ cm $f \approx 5{,}77$ cm

43   **a)** $f = \dfrac{2A}{e} = 112$ cm $a = \sqrt{\left(\dfrac{e}{2}\right)^2 + \left(\dfrac{f}{2}\right)^2} = 65$ cm

       b) $f = 126$ cm $a = 65$ cm

       c) $e = \dfrac{2A}{f} = 78$ cm $a = 65$ cm

       d) $e = 60$ cm $a \approx 65$ cm

44   Böschung 1 $= \sqrt{50^2 + 150^2} \approx 158{,}11$ cm

       Böschung 2 $= \sqrt{100^2 + 150^2} \approx 180{,}28$ cm

45   **a)** $x = \sqrt{d^2 - h^2} = 24$ cm   **b)** $x = 10$ cm

       $y = \sqrt{b^2 - h^2} = 168$ cm $y = 7$ cm

       $c = a - x - y = 58$ cm $c = 20$ cm

       $e = \sqrt{(a - y)^2 + h^2} \approx 107{,}81$ cm $e \approx 38{,}42$ cm

       $f = \sqrt{(a - x)^2 + h^2} \approx 236{,}59$ cm $f \approx 36{,}12$ cm

46 **a)** $x = \dfrac{80 - 38}{2} = 21$ cm   **b)** $x = 14$ cm

$h = \sqrt{b^2 - x^2} = 72$ cm $h = 48$ cm

$A = \dfrac{(80 + 38) \cdot 72}{2} = 4\,248$ cm² $\qquad A = 3\,312$ cm²

47

Hypotenuse	A
Kathete	B

A	a
B	x
A	b
B	y
B	$\dfrac{f}{2}$

48 **a)** $x = \sqrt{a^2 - \left(\dfrac{f}{2}\right)^2} = 8$ cm   **c)** $x \approx 1{,}80$ cm

$y = \sqrt{b^2 - \left(\dfrac{f}{2}\right)^2} = 20$ cm $e = x + y = 28$ cm $y \approx 2{,}65$ cm $e \approx 4{,}45$ cm

b) $x = 15$ cm   **d)** $x = 3{,}2$ cm

$y = 21$ cm $\qquad e = 36$ cm $\qquad y = 6{,}3$ cm $\qquad e = 9{,}5$ cm

49 **a)** $x = \sqrt{a^2 - \left(\dfrac{f}{2}\right)^2} = 24$ cm   **c)** $y = \sqrt{b^2 - \left(\dfrac{f}{2}\right)^2} = 35$ cm

$y = 104 - 24 = 80$ cm $x = 51 - 35 = 16$ cm

$b = \sqrt{y^2 + \left(\dfrac{f}{2}\right)^2} = 82$ cm $a = \sqrt{x^2 + \left(\dfrac{f}{2}\right)^2} = 20$ cm

b) $x = 8$ cm   **d)** $y = 9{,}9$ cm

$y = 20$ cm $x = 4{,}8$ cm

$b = 25$ cm $a = 5{,}2$ cm

50

	R	W
$x + y = f$	☐ R	☒ **W**
$b = \sqrt{y^2 + \dfrac{f^2}{4}}$	☒ **Ä**	☐ H
$x^2 = a^2 - \left(\dfrac{f}{2}\right)^2$	☒ **H**	☐ O
$a = x + \dfrac{f}{2}$	☐ T	☒ **L**
Flächeninhalt $A = (x + y) \cdot \dfrac{f}{2}$	☒ **E**	☐ S
Flächeninhalt $A = x \cdot y$	☐ M	☒ **R**

Lösungswort: **WÄHLER**

51 **a)** 15,65 cm 7,62 cm 14,32 cm
   b) 38,28 cm 33,84 cm 23,71 cm
   c) 11,87 cm 5,76 cm 12,89 cm
   d) 5,94 cm 4,34 cm 4,34 cm

52

3,4	2,1	7,2	D
10	12	13	A
8,3	4,2	8,8	E
21	33	55	B
72,3	45,2	22,8	C

A	20,32
B	67,49
C	88,26
D	8,23
E	12,81

53 **a)** 2,4 cm   **b)** 60 cm   **c)** 60 cm   **d)** 6 cm

54 **a)** $d \approx 57,98$ cm $D \approx 71,01$ cm   **c)** $d \approx 65,34$ cm $D \approx 80,02$ cm
   b) $d \approx 79,20$ cm $D \approx 96,99$ cm   **d)** $d \approx 46,39$ cm $D \approx 56,81$ cm

55 **a)** $a = \dfrac{d}{\sqrt{2}} \approx 45,25$ cm   **c)** $a = \dfrac{D}{\sqrt{3}} \approx 16,11$ cm

   b) $a \approx 54,45$ cm   **d)** $a \approx 57,27$ cm

56

Raumdiagonale des Quaders	B
Volumen des Quaders	E
Raumdiagonale des Würfels	G
Flächendiagonale des Quaders	F
Oberfläche des Würfels	D
Volumen des Würfels	A
Oberfläche des Quaders	C

A	a^3
B	$\sqrt{a^2 + b^2 + c^2}$
C	$2 \cdot (a \cdot b + b \cdot c + a \cdot c)$
D	$6a^2$
E	$a \cdot b \cdot c$
F	$\sqrt{a^2 + b^2}$
G	$a\sqrt{3}$

57 **a)** $h_1 = \sqrt{\left(\dfrac{a}{2}\right)^2 + h^2} = 65$ cm   **c)** 8 cm

   b) 52 cm   **d)** 9,1 cm

58 **a)** 140,16 cm²   **b)** 34 300 cm²   **c)** 755,04 cm²   **d)** 28,8 cm²

59 **a)** $O = a^2 + M = 9,6^2 + 140,16 = 232,32$ cm²   **c)** 1 452 cm²
   b) 43 904 cm²   **d)** 51,84 cm²

60 **a)** $a = 40$ cm $b = 72$ cm $O = 9 024$ cm²
   b) $a = 84$ cm $b = 66$ cm $O = 15 624$ cm²
   c) $a = 90$ cm $b = 160$ cm $O = 35 400$ cm²
   d) $a = 80$ cm $b = 200$ cm $O = 43 000$ cm²

61 a) $h \approx 72,42$ cm $\quad V \approx 191\,214,65$ cm^3 $\qquad$ c) $h = 44$ cm $\quad V = 63\,888$ cm^3

$\quad$ b) $h = 4,8$ cm $\quad V = 518,4$ cm^3 $\qquad$ d) $h = 21$ cm $\quad V = 11\,200$ cm^3

62 a) $V = \frac{1}{3} \cdot a \cdot b \cdot h = 46\,080$ cm^3 $\qquad$ c) $288\,000$ cm^3

$\quad$ b) $103\,488$ cm^3 $\qquad$ d) $400\,000$ cm^3

63
☐ Dreieck ABS $\qquad$ ☐ Dreieck ACS $\qquad$ ☐ Dreieck DBS
☒ Dreieck AMS $\qquad$ ☒ Dreieck BFS $\qquad$ ☒ Dreieck ACD

64
☒ $a^2 = d^2 - b^2$ $\qquad$ ☐ $2 \cdot s^2 = d^2$ $\qquad$ ☒ $h^2 = h_a{}^2 - \left(\frac{b}{2}\right)^2$

☒ $s = \sqrt{h^2 + \left(\frac{d}{2}\right)^2}$ $\qquad$ ☐ $h_a{}^2 + b^2 = h^2$ $\qquad$ ☐ $\left(\frac{b}{2}\right)^2 = s^2 + h^2$

65 a) $10\,101,32$ cm^2 $\qquad$ b) $1\,527,67$ cm^2 $\qquad$ c) $1\,691,90$ cm^2 $\qquad$ d) $4\,464,57$ cm^2

66 a) $814,59$ cm^3 $\qquad$ b) $4\,365,68$ cm^3 $\qquad$ c) $37,48$ cm^3 $\qquad$ d) $53\,117,20$ cm^3

67 a) $a = \sqrt{\dfrac{O}{2\sqrt{3}}}$ $\qquad\qquad$ b) $a = \sqrt[3]{\dfrac{3V}{\sqrt{2}}}$

68 a) $11,40$ cm $\qquad$ b) $31,42$ cm $\qquad$ c) $13,14$ cm $\qquad$ d) $16,99$ cm

69 a) $18,93$ cm $\qquad$ b) $14,54$ cm $\qquad$ c) $7,35$ cm $\qquad$ d) $4,73$ cm

70

Ein regelmäßiger Oktaeder hat acht deckungsgleiche Begrenzungsflächen.	☒ H	☐ T
Ein regelmäßiger Oktaeder hat acht gleich lange Kanten.	☐ U	☒ E
Ein regelmäßiger Oktaeder hat zwölf gleich lange Kanten.	☒ R	☐ A
Ein regelmäßiger Oktaeder hat sechs Ecken.	☒ Z	☐ M
Ein regelmäßiger Oktaeder setzt sich aus zwei rechteckigen Pyramiden zusammen.	☐ S	☒ O
Ein regelmäßiger Oktaeder hat zwölf deckungsgleiche Begrenzungsflächen.	☐ K	☒ G

Lösungswort: **HERZOG**

71 $Kantenlänge = \dfrac{d}{\sqrt{2}} = \dfrac{30}{\sqrt{2}} \approx 21,21$ cm

72 a) $5\,431,71$ cm^2 $\qquad\qquad$ b) $36,65$ cm^2

73
a) 1 841,42 cm³
b) 18 764,27 cm³
c) 80,31 cm³
d) 1,63 cm³

74
a) 11,84 cm **b)** 21,85 cm **c)** 4,44 cm **d)** 8,05 cm

75
a) 33,67 cm **b)** 16,19 cm **c)** 8,64 cm **d)** 3,07 cm

76
Kantenlänge $= 30\sqrt{2} \approx 42,43$ cm $\qquad O \approx 3\,117,69$ cm²

Beispiel S.35

$$\boxed{\begin{array}{l} \textbf{b)}\; -5x + 11y \\ \textbf{c)}\; -4a + 9ab \end{array}}$$

Beispiel S.35

$$\boxed{\textbf{b)}\; -a^2 - 6a - 2}$$

77
a) $13a - 2$ **b)** $6b - 1$ **c)** $-a - 6b$ **d)** $-7a + 12$

78
a) $6x + 3$ **b)** $-2x - 11$ **c)** $31x - 7$ **d)** $-12x - 10$

79

$6a + 2 - 4a + 10$	D		A	$-1 - 7a$
$(6 - 6a) + (-a - 7)$	A		B	$-2a - 10$
$10a - (12a + 12) + 2$	B		C	$-6a - 10$
$a + 2a - (3a - 4a) + 12$	E		D	$2a + 12$
$-(3a + 5) + (-3a - 5)$	C		E	$4a + 12$

80
a) $15x^2 - 5x$
b) $-x^2 + 5x + 8$
c) $-2x - 6$
d) $-7x^2 - 5x + 18$

81
a) $x^2 + 6x + 6$
b) $11x^3 + 4x^2 + 6x$
c) $-8x^3 - 9x^2 + 8x$
d) $7x^3 + x^2 - 1$

82
a) $8x + 2$ **b)** $3x + 2$ **c)** $-6x + 7$ **d)** $3x - 8$

83
a) $23x - 3$ **b)** $-3x + 8$ **c)** $-21x - 11y + 17$ **d)** $-7x - y + 11$

84
$4x - (8 - 2x) = 4x - 8 - 2x$ **falsch**

$(3 - 2x) + (5x - 2) - (x - 5) = 3 - 2x + 5x - 2 - x + 5$ **richtig**

$7x - [7 - 2x - (-7x + 10)] = 7x - 7 + 2x + 7x - 10$ **falsch**

$x + [12 - (7 + 6x) - (x + 2)] = x + 12 - 7 - 6x - x - 2$ **richtig**

$5x + 2 - (-2x - [8 + x]) = 5x + 2 + 2x - 8 - x$ **falsch**

85

(1)	
$(7x - 2) - (-8x + 5)$	
$6x - (4 - x - [2 + x])$	$\times$
$6 - (4x + 5 + [x - 1])$	

	(2)
$\times$	$-2 + 8x$
	$10 + 5x$
	$-x + 3$

86

$2a + (3a - 5b)$	E
$3a + b - (6b - 7a)$	B
$1 - (a + 2b) - (a - b)$	A
$4a - [b - (2 + 5b)]$	D

A	$-2a - b + 1$
B	$10a - 5b$
C	$-4a + b + 2$
D	$4a + 4b + 2$
E	$5a - 5b$
F	$5a + b$

Beispiel S.38

b) $-10x^4y^8$

c) $-6xy^2 + 20xy^2 = 14xy^2$

87   **a)** $6x^4y^6$ **b)** $90x^3y^6$ **c)** $-35x^6y^6$ **d)** $22x^6y^4$

88

$2a \cdot 3b - 5a \cdot 6b$	C
$-4a \cdot b + 6a \cdot 2b$	A
$a \cdot 2b - (-2a) \cdot 5b$	B
$(-5a) \cdot b - 6a \cdot (-3b)$	E
$a \cdot (2b) - (-3a) \cdot (-4b)$	D

A	$8ab$
B	$12ab$
C	$-24ab$
D	$-10ab$
E	$13ab$

89

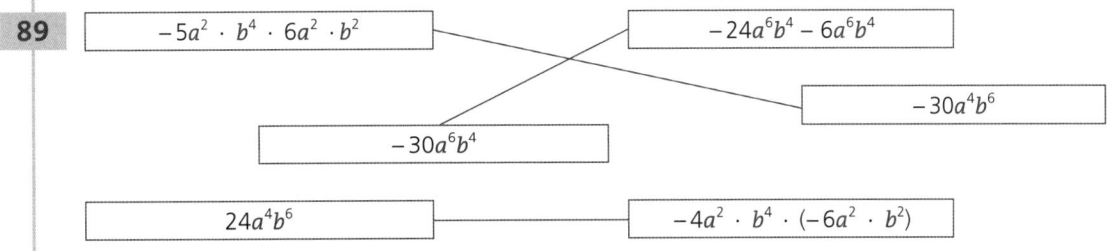

90   **a)** $28a^2 - 21a$ **b)** $-9a^2 - 45a$ **c)** $-10a + 15a^2$ **d)** $121a - 110a^2$

91   **a)** $7a^2b - 14ab^2$ **c)** $15a^3 + 25a^2b$

       b) $16a^2b - 24ab$ **d)** $12a^3b - 6a^2b^2 + 18ab^3$

92

$(3x - 6) \cdot (x + 3)$	B
$(-2x + 1) \cdot (x - 4)$	A
$(x - 1) \cdot (x + 2)$	D
$(8x - 2) \cdot (-2x + 1)$	E
$(2x + 3) \cdot (4x - 5)$	C

A	$-2x^2 + 9x - 4$
B	$3x^2 + 3x - 18$
C	$8x^2 + 2x - 15$
D	$x^2 + x - 2$
E	$-16x^2 + 12x - 2$

93
a) $56x^2 + 9x - 6$ c) $3x^3 + 4x^2 - 9x + 2$ e) $-12x^2 + 38x - 13$
b) $-24x^2 + 35x + 10$ d) $2x^2 - 3x - 7$ f) $5x^3 - 21x^2 - 6x + 2$

94
a) $x^2 + 2xy + y^2$ b) $a^2 - 10a + 25$ c) $36 + 12s + s^2$ d) $s^2 - 2st + t^2$

95
a) $9y^2 + 12y + 4$ b) $4x^2 - 12x + 9$ c) $49 + 112c + 64c^2$ d) $49b^2 - 42b + 9$

96
a) $4x^2 + 24xy + 36y^2$ c) $9x^2 + 60xy + 100y^2$
b) $25x^2 - 20xy + 4y^2$ d) $49x^2 - 42xy + 9y^2$

97
a) $x^2 - 36$ c) $9e^2 - 1$ e) $4a^2 - 9b^2$
b) $64 - r^2$ d) $16z^2 - 121$ f) $81e^2 - 4f^2$

98
a) $\frac{x^2}{16} - 9$ b) $\frac{y^2}{100} - 4$ c) $\frac{x^2}{4} - \frac{y^2}{9}$ d) $\frac{9x^2}{25} - \frac{16y^2}{49}$

99
a) $(-a + b)^2 = (b - a)^2 = b^2 - 2ab + a^2 = a^2 - 2ab + b^2$
b) $(-a - b)^2 = (-a - b)(-a - b) = a^2 + ab + ab + b^2 = a^2 + 2ab + b^2$

100
a) $36x^2 - 12xy + y^2$ c) $16x^2 + 24xy + 9y^2$
b) $x^2 + 16xy + 64y^2$ d) $25x^2 - 40xy + 16y^2$

101

$x^2 - 4y^2$	D
$4x^2 - 4xy + y^2$	A
$(-2x - y)^2$	B
$(2x - y) \cdot (2x + y)$	C

A	$(2x - y)^2$
B	$4x^2 + 4xy + y^2$
C	$4x^2 - y^2$
D	$(x + 2y) \cdot (x - 2y)$

Beispiel
S.42

b) $2a^3b^5$

102
a) $-4xy$ b) $-5x^2y^2$ c) $9x^2y^2z$ d) $4xz$

103
a) $11x^3 - 2$ b) $3 + x$ c) $2x^2 + 3x - 1$ d) $9x^4 + 3x^3 - 2$

104

$$(6x^3 - 13x^2 + 14x - 12) : (2x - 3) = 3x^2 - 2x + 4$$
$$\underline{-6x^3 + 9x^2}$$
$$-4x^2 + 14x - 12$$
$$\underline{+ 4x^2 - 6x}$$
$$+ 8x - 12$$
$$\underline{- 8x + 12}$$
$$0 \text{ Rest}$$

105
a) $x^2 + 3x + 4$ 0 Rest   **c)** $x^3 + x^2 - 3x - 1$ 0 Rest
b) $3x^2 - x + 4$ 0 Rest   **d)** $x^3 - 2x - 3$ 0 Rest

Beispiel
S. 44

> **b)** $4b \cdot (5a + 6c)$
> **c)** $3ab \cdot (b - 4a)$

106

$ab - b$	D
$a^2b + ab^2$	A
$b - ab$	B
$b^2a^2 + ab$	E
$ab^2 + b^3$	C

A	$ab \cdot (a + b)$
B	$b \cdot (1 - a)$
C	$b^2 \cdot (a + b)$
D	$b \cdot (a - 1)$
E	$ab \cdot (ab + 1)$

107   **a)** $4y(6x - 5z)$ **b)** $10a(2b + 1)$ **c)** $7x(1 - 3y)$ **d)** $12b(-2a + c)$

108   **a)** $xy(x + y)$ **b)** $x^2(x - 2y)$ **c)** $5xy^2(5xy + 4)$ **d)** $10xy(1 - 5x)$

109   **a)** $(x + 5)(x + 6)$ **b)** $(x - 3)(x - 2)$ **c)** $2x(2x + 1)$ **d)** $(3x + 2)^2(3x + 1)$

110   **a)** $2(a + 1)(a + 4)$ **c)** $5(a + 1)(3a + 4)$
        b) $2(2a - 1)(1 - 2a^2)$ **d)** $10(4a + 3)(8a + 3)$

111   **a)** $(r - s)(r + s)$ **c)** $\left(\dfrac{a}{5} - 1\right)\left(\dfrac{a}{5} + 1\right)$

        b) $(4x - 10y)(4x + 10y)$ **d)** $\left(\dfrac{c}{9} - \dfrac{2}{3}\right)\left(\dfrac{c}{9} + \dfrac{2}{3}\right)$

112   **a)** $5(2a - 1)(2a + 1)$ **c)** $7(2x - 1)(2x + 1)$
        b) $3(3y - 4)(3y + 4)$ **d)** $10(4a - 7)(4a + 7)$

113   **a)** $3a(5b - 2)(5b + 2)$ **c)** $ab(2b - 7)(2b + 7)$
        b) $a(6b - 1)(6b + 1)$ **d)** $7ab(3b - 2)(3b + 2)$

114   **a)** $(x + 7)^2$ **b)** $(2x + 3)^2$ **c)** $(3x - 1)^2$ **d)** $(4x - 3)^2$

115   **a)** $3(2x + 1)^2$ **b)** $2(4x + 3)^2$ **c)** $5(2x - 1)^2$ **d)** $6(x - 3)^2$

116   **a)** $2x(x + 5)^2$ **c)** $2x(3x - 1)(3x + 1)$
        b) $4x(x - 1)(x + 1)$ **d)** $5x(x - 1)^2$

117

	Bruchterm	kein Bruchterm
$\dfrac{45 - 2}{3x + 1}$	☒	☐
$\dfrac{4x + 1}{12 - 10}$	☐	☒
$\dfrac{x}{x^2 - 25}$	☒	☐
$\dfrac{24}{7x}$	☒	☐
$\dfrac{200}{700}$	☐	☒

118   **a)** 2   **b)** 3   **c)** -7 **d)** 10

119   **a)** $\dfrac{4}{3}$ **b)** $-\dfrac{5}{3}$ **c)** $\dfrac{5}{7}$ **d)** $-\dfrac{8}{9}$

120   **a)** $\dfrac{6a + 12}{12 - 6a^2}$ **c)** $\dfrac{3a^2 + 6a}{6a - 3a^3}$
        b) $\dfrac{-2a - 4}{-4 + 2a^2}$ **d)** $\dfrac{2a^2 + 5a + 2}{-2a^3 - a^2 + 4a + 2}$

121   **a)** 2   **b)** -1 **c)** x **d)** $3x$

122   **1.** Schritt: Zähler und Nenner werden so weit wie möglich faktorisiert, d. h. in Produkte zerlegt.
        2. Schritt: Gleiche Faktoren im Zähler und Nenner werden gekürzt.

123   **a)** $\dfrac{x + 5y}{3}$ **b)** $\dfrac{x - 1}{2}$ **c)** $\dfrac{x + 2}{3}$ **d)** $5y - 6$

124   **a)** $\dfrac{2x + 1}{3}$ **b)** $\dfrac{x + 2}{y}$ **c)** $\dfrac{2x^2 - x}{3}$ **d)** $\dfrac{6y + 2}{x}$

125   **a)** $x - y$ **b)** $\dfrac{1}{a + b}$ **c)** $x + 1$ **d)** $\dfrac{1}{2x - 3}$

126 a) $\dfrac{6}{a-b}$ c) $\dfrac{2(2a^2-3)}{3(a+2b)}$ e) $a+b$

b) $\dfrac{a-b}{2}$ d) $\dfrac{2}{(a+1)}$ f) $\dfrac{2(8a-b)}{3}$

127

$\dfrac{3x^2-12x+12}{6x-12}$	M		Ü	$\dfrac{x-y}{2}$
$\dfrac{5x^2-5y^2}{10x+10y}$	Ü		E	$\dfrac{2x-2y}{x+y}$
$\dfrac{3x+3y}{12x^2+24xy+12y^2}$	N		Z	$\dfrac{x-y}{x+y}$
$\dfrac{x^2-y^2}{x^2+2xy+y^2}$	Z		M	$\dfrac{x-2}{2}$
$\dfrac{10x^2-10y^2}{5x^2+10xy+5y^2}$	E		N	$\dfrac{1}{4x+4y}$

Lösungswort: **MÜNZE**

128

$\dfrac{2}{7x}-\dfrac{3}{2x}$	D		A	$3\cdot x\cdot(x+2)$
$\dfrac{1}{2x}+\dfrac{1}{3x}-\dfrac{1}{4x}$	E		B	$3\cdot(x-2)(x+2)$
$\dfrac{3x}{x+2}+\dfrac{x-1}{3\cdot(x-2)}$	B		C	$x\cdot(x-2)$
$\dfrac{2}{3x}-\dfrac{x}{x+2}$	A		D	$14x$
$\dfrac{x+1}{x-2}+\dfrac{5}{x}$	C		E	$12x$

129

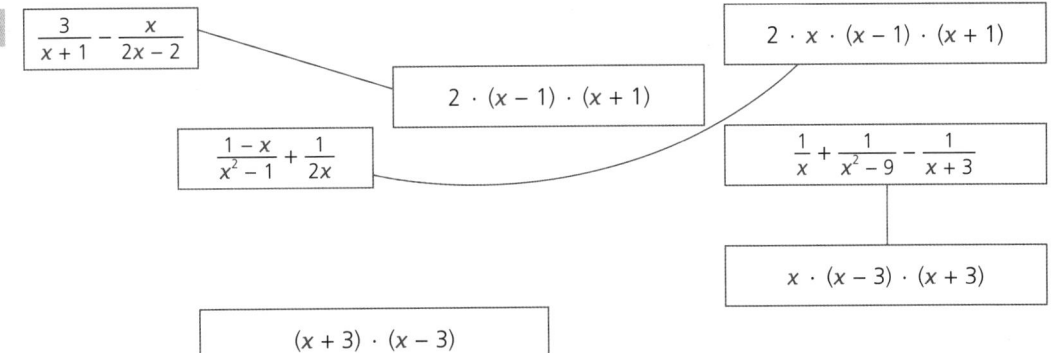

130 a) $\dfrac{28-15}{21x}=\dfrac{13}{21x}$ c) $\dfrac{10+6-3}{30x}=\dfrac{13}{30x}$

b) $\dfrac{5(x-1)+2}{10x}=\dfrac{5x-3}{10x}$ d) $\dfrac{20+4(1+x)-10}{20x}=\dfrac{14+4x}{20x}=\dfrac{2(7+2x)}{20x}=\dfrac{7+2x}{10x}$

131 a) $\dfrac{4(x-2)-5(x+1)}{(x+1)(x-2)}=\dfrac{-x-13}{(x+1)(x-2)}$ c) $\dfrac{1(x-4)-2(2x+5)}{(2x+5)(x-4)}=\dfrac{-3x-14}{(2x+5)(x-4)}$

b) $\dfrac{1(2x+1)+x(3x-1)}{(3x-1)(2x+1)}=\dfrac{3x^2+x+1}{(3x-1)(2x+1)}$ d) $\dfrac{x(2x+1)-2x(x-3)}{(x-3)(2x+1)}=\dfrac{7x}{(x-3)(2x+1)}$

132

a) $\dfrac{(x-2)(x+2)+x+x(x-2)}{x(x-2)(x+2)} = \dfrac{2x^2-x-4}{x(x-2)(x+2)}$

b) $\dfrac{2\cdot 2(x-2)(x+2)+3x\cdot x-2\cdot x(x-2)}{2x(x-2)(x+2)} = \dfrac{5x^2+4x-16}{2x(x-2)(x+2)}$

c) $\dfrac{3x\cdot x-3\cdot(x+1)+(x-1)(x+1)}{x(x-1)(x+1)} = \dfrac{4x^2-3x-4}{x(x-1)(x+1)}$

d) $\dfrac{(x-1)-2\cdot 2\cdot(x+1)-2x}{2x(x-1)(x+1)} = \dfrac{-5x-5}{2x(x-1)(x+1)} = \dfrac{-5(x+1)}{2x(x-1)(x+1)} = -\dfrac{5}{2x(x-1)}$

133

a) $\dfrac{2}{xy^2}$ b) $\dfrac{12x}{7y^3}$ c) $\dfrac{xy^3}{7z^3}$ d) $\dfrac{6y}{35xz}$

134

a) $\dfrac{9(x+y)}{4a^2b}\cdot\dfrac{16ab}{3(x+y)} = \dfrac{12}{a}$

c) $\dfrac{xy(x+1)}{5x^2}\cdot\dfrac{15xy}{3(x+1)} = y^2$

b) $\dfrac{3(x+y)}{5(x-y)}\cdot\dfrac{15(x-y)}{x+y} = 9$

d) $\dfrac{6x^3z}{x(y-z)}\cdot\dfrac{7(y-z)}{x} = 42xz$

135

a) $\dfrac{3(x-y)(x+y)}{5(x+y)}\cdot\dfrac{10x}{9x^3} = \dfrac{2(x-y)}{3x^2}$

c) $\dfrac{(x-3)^2}{7(x-y)(x+y)}\cdot\dfrac{21(x+y)}{2(x-3)} = \dfrac{3(x-3)}{2(x-y)}$

b) $\dfrac{2(x-y)}{(x-y)(x+y)}\cdot\dfrac{3(x+y)}{6x} = \dfrac{1}{x}$

d) $\dfrac{6(x+y)}{(2x-1)^2}\cdot\dfrac{5(2x-1)}{(x+y)^2} = \dfrac{30}{(2x-1)(x+y)}$

136

a) $\dfrac{20}{xy^2}$

e) $\dfrac{3(x+y)}{y(x-1)}\cdot\dfrac{y}{x+y} = \dfrac{3}{x-1}$

b) $\dfrac{12xy^2}{7}$

f) $\dfrac{2(x-y)}{x(x+y)}\cdot\dfrac{x+y}{6(x-y)} = \dfrac{1}{3x}$

c) $\dfrac{4x}{3z^3}$

g) $\dfrac{3(x-2)}{x(x+1)}\cdot\dfrac{x+1}{2(x-2)} = \dfrac{3}{2x}$

d) $\dfrac{26y}{x^2}$

h) $\dfrac{x(y-1)}{12x}\cdot\dfrac{24x^3}{5x(y-1)} = \dfrac{2x^2}{5}$

137

a) $\dfrac{11(x-y)(x+y)}{9(x-y)}\cdot\dfrac{27y}{22(x+y)} = \dfrac{3y}{2}$

c) $\dfrac{(x+8)^2}{3(x-y)(x+y)}\cdot\dfrac{x+y}{2(x+8)} = \dfrac{x+8}{6(x-y)}$

b) $\dfrac{3(x-2)}{x(x-1)(x+1)}\cdot\dfrac{x+1}{x-2} = \dfrac{3}{x(x-1)}$

d) $\dfrac{4(x+y)}{(x-4)^2}\cdot\dfrac{5(x-4)}{16} = \dfrac{5(x+y)}{4(x-4)}$

138 Man schreibt den Doppelbruch als Division an, faktorisiert alle Zähler und Nenner so weit wie möglich und multipliziert den Dividenden mit dem Kehrwert des Divisors. Vor dem Ausmultiplizieren kürzt man so weit wie möglich.

139

a) $\dfrac{x+y}{xy}\cdot\dfrac{x}{y} = \dfrac{x+y}{y^2}$

c) $\dfrac{(x+y)^2}{a+b}\cdot\dfrac{(a+b)^2}{x+y} = (x+y)(a+b)$

b) $\dfrac{(x-y)(x+y)}{3x^3}\cdot\dfrac{x}{9(x+y)} = \dfrac{x-y}{27x^2}$

d) $\dfrac{2(x-2y)}{5y^3}\cdot\dfrac{15y}{(x-2y)^2} = \dfrac{6}{y^2(x-2y)}$

140 Lösungswort: **ÄRZTE**

141 **a)** $4x = x + 8$ **b)** $6x + 7 = 2$ **c)** $-6x = 2$ **d)** $-10 = 2x$

142 **a)** -3 **b)** $: 2$ **c)** $\cdot 3$ **d)** $+10x$

143 **a)** $-2x - 1 = -5x + 2$ → $x = 1$ Probe: $-3 = -3$

b) $2x + 10 = x - 16$ → $x = -26$ Probe: $-42 = -42$

c) $2x + 4 = -14x - 2$ → $x = -\frac{3}{8}$ Probe: $\frac{13}{4} = \frac{13}{4}$

d) $28x - 8 = -20$ → $x = -\frac{3}{7}$ Probe: $-20 = -20$

144 **a)** $x^2 - 2x + 1 = x^2 + 4x - 8$ → $x = \frac{3}{2}$ Probe: $\frac{1}{4} = \frac{1}{4}$

b) $3x^2 - 20x + 26 = 3x^2 - 15x + 1$ → $x = 5$ Probe: $1 = 1$

c) $-x^2 - 19x + 9 = -x^2 + 6x + 4$ → $x = \frac{1}{5}$ Probe: $\frac{129}{25} = \frac{129}{25}$

145

eine Lösung	A
keine Lösung	B
unendlich viele Lösungen	C

A	$3x - 1 = 2x + 5$
B	$5x + 1 = 5x - 1$
A	$x = x + 5 - 2x$
C	$4x + x - 1 = 5x - 1$
B	$x = x + 1$

146 **a)** $10x^2 - 13x + 4 = 10x^2 - 13x + 4$ → $0 = 0$ → unendlich viele Lösungen

b) $5x^2 + 4x + 3 = 5x^2 + 4x + 1$ → $3 = 1$ → keine Lösung

c) $9x^2 - 9x + 1 = 9x^2 - 9x + 1$ → $0 = 0$ → unendlich viele Lösungen

d) $16x^2 + 3x = 16x^2 + 3x - 1$ → $0 = -1$ → keine Lösung

147 **a)** $4(x + 4) = 5(x + 2)$ → $x = 6$ $D = \mathbb{R} \setminus \{-2, -4\}$

b) $2(x + 5) = 1 \cdot (3x - 1)$ → $x = 11$ $D = \mathbb{R} \setminus \{\frac{1}{3}, -5\}$

c) $3 \cdot 2 \cdot (x + 3) = 2 \cdot 2 \cdot (x - 3)$ → $x = -15$ $D = \mathbb{R} \setminus \{-3, 3\}$

d) $5(x + 5) = 2 \cdot 3 \cdot (x - 2)$ → $x = 37$ $D = \mathbb{R} \setminus \{-5, 2\}$

148 **a)** $(x + 2)(x + 6) = (x - 3)(x - 4)$ → $x = 0$ $D = \mathbb{R} \setminus \{-6, 4\}$

b) $(2x - 1)(x - 2) = (2x - 5)(x + 2)$ → $x = 3$ $D = \mathbb{R} \setminus \{-2, 2\}$

c) $3x(3x + 1) = 9x(x - 2)$ → $x = 0$ $D = \mathbb{R} \setminus \{-\frac{1}{3}, 2\}$

d) $(x + 1) \cdot 2x = (2x + 5)(x - 3)$ → $x = -5$ $D = \mathbb{R} \setminus \{0, 3\}$

149 **a)** $x + 2 - (x - 2) = 4x$ → $x = 1$ $D = \mathbb{R} \setminus \{-2, 0, 2\}$

     b) $2(x + 3) = 5x - (x - 3)$ → $x = \frac{3}{2}$ $D = \mathbb{R} \setminus \{-3, 0, 3\}$

     c) $3x - 1 + 5(x - 3) = 4(x + 3)$ → $x = 7$ $D = \mathbb{R} \setminus \{-3, 3\}$

     d) $2(x - 5) + 2(x + 5) = 10$ → $x = \frac{5}{2}$ $D = \mathbb{R} \setminus \{-5, 5\}$

150 **a)** $\frac{3 + x}{8 + x} = 2$ → $x = -13$ Die Zahl lautet -13.

     b) $\frac{5 - x}{6 + x} = \frac{1}{10}$ → $x = 4$ Die Zahl lautet 4

     c) $\frac{1 + x}{4 + x} = \frac{2}{7}$ → $x = \frac{1}{5}$ Die Zahl lautet $\frac{1}{5}$.

     d) $\frac{6}{x + 5} = \frac{3}{x}$ → $x = 5$ Die Zahl lautet 5.

     e) $\frac{4}{5} + \frac{1}{x} = 1$ → $x = 5$ Die Zahl lautet 5.

     f) $\frac{3}{2} - \frac{2}{x} = \frac{1}{2}$ → $x = 2$ Die Zahl lautet 2.

151 **a)** $45\,000 = 5x + 3x + x$ → $x = 5\,000$

     Die Gewinner bekommen 25 000 €, 15 000 € und 5 000 €.

     b) $A \dots x$ $B \dots 3x$ $C \dots 9x$

     $10\,400 = x + 3x + 9x$ → $x = 800$

     A bekommt 800 €, B 2 400 € und C 7 200 €.

     c) Ida $\dots x$ Julian $\dots \frac{3}{5} \cdot x$

     $x + \frac{3}{5} \cdot x = 640$ → $x = 400$

     Ida bekommt 400 € und Julian 240 €.

     d) $A \dots x$ $B \dots \frac{2}{3} \cdot x$ $C \dots \frac{1}{2} \cdot \frac{2}{3} \cdot x = \frac{1}{3}x$

     $x + \frac{2}{3}x + \frac{1}{3}x = 16\,650$ → $x = 8\,325$

     A bekommt 8 325 €, B 5 550 € und C 1 850 €.

152 **a)** $x \dots$ Jahreseinkommen

     $0{,}6x + 0{,}12x + 0{,}1x + 4\,320 = x$ → $x = 24\,000$

     Das Jahreseinkommen ist 24 000 €

     b) 800 Personen kommen mit dem PKW zur Arbeit.

     $x \dots$ Angestellte $1\,600 - x \dots$ Arbeiterinnen und Arbeiter

     $0{,}75x + 0{,}35(1\,600 - x) = 800$ → $x = 600$

     Im Betrieb arbeiten 600 Angestellte und 1 000 Arbeiterinnen und Arbeiter.

153 **a)**

Sorte	Menge in kg	Kilopreis in €	Gesamtpreis in €
A	5	14	70
B	10	20	200
Mischung	15	x	$15x$

$70 + 200 = 15x$ → $x = 18$ Der Kilopreis der Mischung ist 18 €.

b)

Sorte	Menge in kg	Kilopreis in €	Gesamtpreis in €
A	x	5,50	$5,5x$
B	$40 - x$	6,50	$(40 - x) \cdot 6,5$
Mischung	40	6,20	248

$5,5x + 6,5 \cdot (40 - x) = 248$ → $x = 12$

Man mischt 12 kg der Sorte A und 28 kg der Sorte B.

c)

	Menge in Litern	Literpreis in €	Gesamtpreis in €
Öl	3	x	$3x$
Benzin	150	1,4	210
Mischung	153	1,57	240,21

$3x + 210 = 240,21$ → $x = 10,07$ Das Öl kostet 10,07 € pro Liter.

d)

Sorte	Menge in Liter	Fruchtsaftgehalt in %	reiner Fruchtsaft in l
A	600	70	$600 \cdot 0,7 = 420$
B	800	x	$800 \cdot \dfrac{x}{100}$
Mischung	1 400	60	$1\,400 \cdot 0,6 = 840$

$420 + 8x = 840$ → $x = 52,5$

Die zweite Sorte hat einen Fruchtsaftgehalt von 52,5%.

e)

	Menge in Liter	Stärke in Prozent	reine Säure in l
Säure	80	70	$80 \cdot 0,7 = 56$
Wasser	x	0	0
Mischung	$80 + x$	50	$(80 + x) \cdot 0,5$

$56 + 0 = (80 + x) \cdot 0,5$ → $x = 32$

Es müssen 32 Liter Wasser hinzugefügt werden.

f)

Alkohol	Menge in Liter	Stärke in Prozent	reiner Alkohol in l
A	2	45	$2 \cdot 0,45 = 0,9$
B	3	90	$3 \cdot 0,9 = 2,7$
Mischung	5	x	$\dfrac{5 \cdot x}{100}$

$0,9 + 2,7 = \dfrac{5 \cdot x}{100}$ → $x = 72$

Der Prozentgehalt der Mischung beträgt 72%.

154 **a)** x ... Fahrzeit des ersten Autos in Stunden

$60x = 90(x - 1)$ → $x = 3$

Das zweite Auto holt das erste nach drei Stunden ein.

Die Entfernung von A ist $60 \cdot 3 = 180$ km.

b) x … Fahrzeit des ersten Autos in Stunden

$70x = 100(x - 0,75)$ → $x = 2,5$

Das zweite Auto holt das erste nach 2,5 Stunden ein.

Die Entfernung von A ist $70 \cdot 2,5 = 175$ km.

c) x … Geschwindigkeit des ersten Autos

$1,25x = 1 \cdot (x + 30)$ → $x = 120$

Die PKWs sind mit 120 km/h bzw. 150 km/h unterwegs.

155   **a)** x … Fahrzeit des ersten Autos in Stunden

$70x + 100(x - 0,75) = 435$ → $x = 3$

Die Autos begegnen sich nach drei Stunden in einer Entfernung von $70 \cdot 3 = 210$ km von A.

b) x … Fahrzeit der beiden Autos in Stunden

$75x + 90x = 55$ → $x = \dfrac{1}{3}$ Stunden = 20 Minuten

Die Autos begegnen einander nach 20 Minuten.

c) x … Fahrzeit von Timo in Stunden

$18x + 21\left(x - \dfrac{10}{60}\right) = 42$ → $x = \dfrac{7}{6}$ Stunden = 70 Minuten = 1 h 10 min

Die beiden begegnen einander nach 1 h 10 min d.h. um 15:10 Uhr.

Sie sind $18 \cdot \dfrac{7}{6} = 21$ km von A entfernt.

156   **a)** $A_1 + 12 = A_2$ bzw. $A_1 = A_2 - 12$

b) $A_1 - 45 = A_2$ bzw. $A_1 = A_2 + 45$

c) $\dfrac{A_1}{2} = A_2$ bzw. $A_1 = 2 \cdot A_2$

d) $A_1 \cdot 2 = A_2$ bzw. $A_1 = \dfrac{A_2}{2}$

157   **a)** x … Seitenlänge des ursprünglichen Quadrats

x^2 … Flächeninhalt des ursprünglichen Quadrats

$(x - 7)^2 = x^2 - 119$ → $x = 12$

Die Seitenlänge des ursprünglichen Quadrats ist 12 cm.

b) x … Seitenlänge des ursprünglichen Quadrats

$4x$ … Umfang des ursprünglichen Quadrats

$2(x - 2) + 2 \cdot (x + 4) = 4x + 4$ → $0 = 0$ d. h. unendlich viele Lösungen

Der beschriebene Zusammenhang gilt für jedes Quadrat.

c) x … Seitenlänge des ursprünglichen Quadrats

x^2 … Flächeninhalt des ursprünglichen Quadrats

$(x - 3)(x + 5) = x^2 + 15$ → $x = 15$

Die Seitenlänge des ursprünglichen Quadrats ist 15 cm.

d) x … Breite des ursprünglichen Rechtecks

$2x$ … Länge des ursprünglichen Rechtecks

$2x^2$ … Flächeninhalt des ursprünglichen Rechtecks

$(x + 4)(2x + 4) = 2x^2 + 112$ → $x = 8$

Die Seitenlängen des ursprünglichen Rechtecks sind 8 cm und 16 cm.

e) x … Breite des ursprünglichen Rechtecks

$3x$ … Länge des ursprünglichen Rechtecks

$3x^2$ … Flächeninhalt des ursprünglichen Rechtecks

$(x - 2)(3x - 2) = 3x^2 - 44$ $\rightarrow$ $x = 6$

Die Seitenlängen des ursprünglichen Rechtecks sind 6 cm und 18 cm.

158 **a)** A wird verdoppelt

$A_{neu} = 2a \cdot b = 2 \cdot A$

b) A wird verdreifacht

$A_{neu} = a \cdot 3b = 3 \cdot a \cdot b = 3 \cdot A$

c) A wächst auf das 16-fache

$A_{neu} = 4a \cdot 4b = 16 \cdot a \cdot b = 16 \cdot A$

159 **a)** Wird x verdoppelt, dann **verdoppelt** sich der Umfang u.

b) Halbiert man die Länge x, wird der Umfang u **halbiert**.

c) Eine Verdreifachung der Seitenlänge x bewirkt eine **Verdreifachung** des Umfangs u.

d) Der Umfang u verkleinert sich auf ein Viertel, wenn die Seitenlänge x **geviertelt** wird.

160

Wird s verdoppelt, verdoppelt sich auch A.	☐
Wenn man s verdreifacht, verneunfacht sich der Flächeninhalt A.	☒
A wird geviertelt, wenn man die Seitenlänge s halbiert.	☒
A wird geviertelt, wenn man die Seitenlänge s viertelt.	☐
Wenn man s verdoppelt, vervierfacht sich die Größe A.	☒

161 **a)** V wird vervierfacht

$V_{neu} = 2x \cdot 2y \cdot z = 4 \cdot x \cdot y \cdot z = 4 \cdot V$

b) V wächst auf das 24-fache

$V_{neu} = 2x \cdot 3y \cdot 4z = 24 \cdot x \cdot y \cdot z = 24 \cdot V$

c) V wird vervierfacht

$V_{neu} = \frac{1}{2}x \cdot 4y \cdot 2z = \frac{8}{2} \cdot x \cdot y \cdot z = 4 \cdot x \cdot y \cdot z = 4 \cdot V$

d) V wird geviertelt

$V_{neu} = x \cdot \frac{1}{2}y \cdot \frac{1}{2}z = \frac{1}{4} \cdot x \cdot y \cdot z = \frac{1}{4} \cdot V$

162 **a)** F bleibt unverändert.

$F_{neu} = \frac{4m \cdot \frac{v^2}{4}}{r} = \frac{m \cdot v^2}{r} = F$

b) F verdoppelt sich

$F_{neu} = \frac{m \cdot v^2}{\frac{r}{2}} = \frac{2 \cdot m \cdot v^2}{r} = 2 \cdot F$

c) F vervierfacht sich

$F_{neu} = \frac{2m \cdot v^2}{\frac{r}{2}} = \frac{4 \cdot m \cdot v^2}{r} = 4 \cdot F$

163 **a)** Mittelwert $= \frac{60 + 112 + 40 + 85 + 120 + 161}{6} \approx 96{,}33$
b) Mittelwert $= 77{,}5$
c) Mittelwert $= 52{,}67$

164 **a)** Mittelwert $= 23{,}9$ **b)** Mittelwert $= 30{,}3$ **c)** Mittelwert $= 55{,}3$

165 **a)** Median $= \frac{2 + 3}{2} = 2{,}5$ **b)** Median $= 3$ **c)** Median $= 3$

166 **a)** Median $= 21$ **b)** Median $= 23{,}5$ **c)** Median $= 22$

167 **a)** Modus $= 21$ Median $= 20$
b) Modus $= 19$ Median $= 19$
c) Modus $= 12$ Median $= 17$

168 **a)** Mittelwert $= 34{,}89$ Standardabweichung $= 0{,}4826$
b) Mittelwert $= 24{,}99$ Standardabweichung $= 0{,}164$

169 A: Mittelwert $= 20{,}08$ Standardabweichung $= 5{,}89$
B: Mittelwert $= 20{,}08$ Standardabweichung $= 1{,}80$
Im Ort A weichen die Messwerte stärker vom Mittelwert ab.

170 **a)** Mittelwert $= 9$ Standardabweichung $= 1{,}41$
b) Mittelwert $= 7{,}14$ Standardabweichung $= 0{,}83$
c) Mittelwert $= 13{,}9$ Standardabweichung $= 2{,}81$

171 **a)** $q_1 = 151$ $q_2 =$ Median $= 158$ $q_3 = 163$ $q_3 - q_1 = 12$

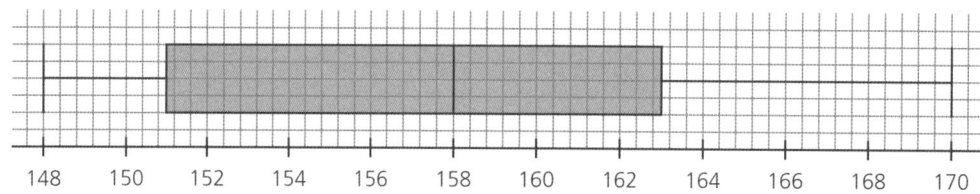

b) $q_1 = 28$ $q_2 =$ Median $= 33$ $q_3 = 40$ $q_3 - q_1 = 12$

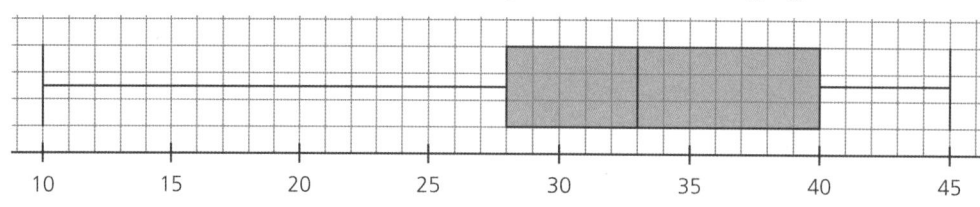

c) $q_1 = 42$ $q_2 =$ Median $= 42{,}5$ $q_3 = 46$ $q_3 - q_1 = 4$

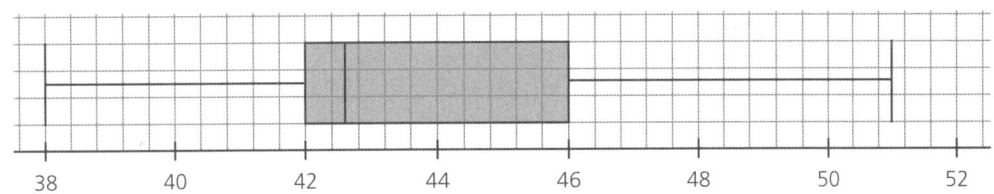

172

Es gibt genau eine Person, die 15 Jahre als ist, bei dem Konzert.	☐ R	☒ S
Mindestens eine Person, die das Konzert besucht, ist 50 Jahre alt.	☒ T	☐ R
Mindestens 50% der Konzertbesucherinnen und -besucher sind 20 bis 40 Jahre alt.	☒ A	☐ Ü
Es gibt mehr Personen, die 25 bis 40 Jahre alt sind als Personen im Alter von 15 bis 20 Jahren.	☐ V	☒ A
Mindestens 50% der Konzertbesucherinnen und -besucher sind 20 bis 40 Jahre alt.	☒ T	☐ M

Lösungswort: **STAAT**

173 Zum Beispiel:

1. Der Median ist bei der Gruppe der über Vierzigjährigen und der Gruppe der Personen, die zwischen 20 und 40 Jahren alt sind, gleich.

2. Mindestens eine Person, die unter 20 Jahre alt ist, borgt sich neun Bücher aus.

3. Es gibt keine Person unter 20 Jahren, die sich kein Buch ausborgt.

4. Mindestens 75% der über Vierzigjährigen borgen sich mindestens fünf Bücher aus.

5. Mindestens 25% der Personen zwischen 20 und 40 Jahren borgen sich zwischen einem und vier Büchern aus.

174 **a)** $\Omega = \{1, 2, 3, 4, 5, 6\}$
b) $\Omega = \{Kopf, Zahl\}$
c) $\Omega = \{Schülerin, Schüler\}$
d) $\Omega = \{rote Kugel, weiße Kugel\}$

175 **a)** $E = \{3, 6, 9, 12\}$
b) $E = \{grüne Kugel, rote Kugel\}$
c) $E = \{6, 7, 8\}$

176

	sicheres Ereignis	unmögliches Ereignis
Ein Mensch springt ohne Hilfsmittel aus dem Stand 20 Meter hoch.		x
Wenn man einen Beutel mit nur roten Kugeln hat und eine Kugel zieht, ist sie rot.	x	
Beim Addieren einer Zahl mit null bleibt die Zahl unverändert.	x	
Man zieht eine blaue Kugel aus einem Beutel, der nur rote und grüne Kugeln enthält.		x

177

	zwischen 0% und 50%	zwischen 50% und 100%
a)	x	
b)		x
c)	x	

178
a) Wahrscheinlichkeit, dass Anneliese gewinnt $\approx \frac{50}{200} = \frac{1}{4} = 0,25 = 25\%$

b) Wahrscheinlichkeit, dass Anneliese verliert $\approx 1 - \frac{50}{200} = 1 - \frac{1}{4} = \frac{3}{4} = 0,75 = 75\%$

179
a) Die Münze wird 300-mal geworfen.

b) Wahrscheinlichkeit für Kopf $\approx \frac{164}{300} \approx 0,547$

Wahrscheinlichkeit für Zahl $\approx \frac{136}{300} \approx 0,453$

180
a) Es gab insgesamt 19 156 Geburten.

b) (1) Wahrscheinlichkeit für die Geburt eines weiblichen Babys $\approx 0,488$

(2) Wahrscheinlichkeit für die Geburt eines männlichen Babys $\approx 0,512$

181
a) Der Würfel wurde 200-mal geworfen.

b) (1) Wahrscheinlichkeit für Augenzahl 1 $\approx \frac{29}{200} = 0,145$

(2) Wahrscheinlichkeit für Augenzahl 5 $\approx \frac{34}{200} = 0,17$

c) Wahrscheinlichkeit für eine Augenzahl über 4 $\approx \frac{34 + 42}{200} = 0,38$

Wahrscheinlichkeit, dass höchstens die Augenzahl 2 gewürfelt wird $\approx \frac{29 + 34}{200} = 0,315$

d) 1 − Wahrscheinlichkeit, dass höchstens die Augenzahl 2 gewürfelt wird =

$= 1 - \frac{29 + 34}{200} = 1 - \frac{63}{200} \approx 0,685$

182
a) bis e) $\Omega = \{1, 2, 3, 4, 5, 6\}$

a) $E = \{4\}$ Wahrscheinlichkeit für $E = \frac{1}{6}$

b) $E = \{2, 3, 4, 5, 6\}$ Wahrscheinlichkeit für $E = \frac{5}{6}$

c) $E = \{1, 2, 3, 4, 5\}$ Wahrscheinlichkeit für $E = \frac{5}{6}$

d) $E = \{2, 4, 6\}$ Wahrscheinlichkeit für $E = \frac{3}{6} = \frac{1}{2}$

e) $E = \{3, 6\}$ Wahrscheinlichkeit für $E = \frac{2}{6} = \frac{1}{3}$

183
a) und b) $\Omega = \{Kopf, Zahl\}$

a) $E = \{Kopf\}$ Wahrscheinlichkeit für $E = \frac{1}{2}$

b) $E = \{Zahl\}$ Wahrscheinlichkeit für $E = \frac{1}{2}$

184
a) Jede Kugel kann mit derselben Wahrscheinlichkeit gezogen werden.

b) (1) Wahrscheinlichkeit für die Kugel mit der Zahl 45 $= \frac{1}{45}$

(2) Wahrscheinlichkeit für die Kugel mit der Zahl 4 = $\frac{1}{45}$

(3) Wahrscheinlichkeit für die Kugel mit der Zahl 17 = $\frac{1}{45}$

c) Wahrscheinlichkeit, dass die Zahl höchstens 13 ist = $\frac{13}{45}$

d) Wahrscheinlichkeit, dass die Zahl über 40 ist = $\frac{5}{45} = \frac{1}{9}$

e) Wahrscheinlichkeit, dass die Zahl durch 10 teilbar ist = $\frac{4}{45}$

185 **a)** Jede Augenzahl kann mit derselben Wahrscheinlichkeit gewürfelt werden.

b) Wahrscheinlichkeit, dass die Augenzahl gerade ist = $\frac{6}{12} = \frac{1}{2}$

c) Wahrscheinlichkeit, dass die Augenzahl ungerade ist = $\frac{6}{12} = \frac{1}{2}$

d) Wahrscheinlichkeit, dass die Augenzahl keine Primzahl ist = $\frac{7}{12}$

e) Wahrscheinlichkeit, dass die Augenzahl ein Vielfaches von fünf ist = $\frac{2}{12} = \frac{1}{6}$

186 **a)** Jede Kugel kann mit derselben Wahrscheinlichkeit gezogen werden.

b) Wahrscheinlichkeit, dass die Kugel rot ist = $\frac{2}{10} = \frac{1}{5}$

c) Wahrscheinlichkeit, dass die Kugel nicht schwarz ist = $\frac{5}{10} = \frac{1}{2}$

187 **a)**

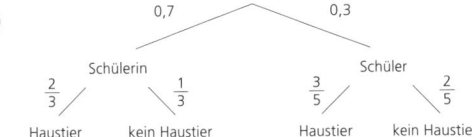

b) $0,7 \cdot \frac{2}{3} \approx 0,467$

c) $0,3 \cdot \frac{2}{5} = 0,12$

d) $0,7 \cdot \frac{2}{3} + 0,3 \cdot \frac{3}{5} \approx 0,647$

188 **a)**

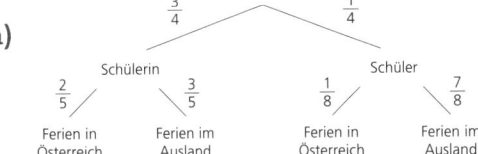

b) $\frac{3}{4} \cdot \frac{2}{5} + \frac{1}{4} \cdot \frac{1}{8} = 0,33125$, *d.h.*, 33,125% der Jugendlichen verbringen die Ferien in Österreich.

c) $\frac{1}{4} \cdot \frac{7}{8} = \frac{7}{32} = 0,21875$, *d.h.*, 21,875% der Jugendlichen sind Schüler, die die Ferien im Ausland verbringen.

d) Der Ausdruck beschreibt die relative Häufigkeit der Jugendlichen in der Klasse, die Schülerinnen sind, die ihre Ferien in Österreich verbringen.

189 **a)**

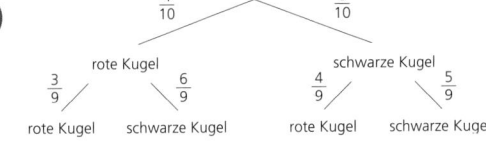

b) Wahrscheinlichkeit für das Ziehen von zwei roten Kugeln $= \frac{4}{10} \cdot \frac{3}{9} \approx 0{,}133$

c) Wahrscheinlichkeit für das Ziehen von zwei schwarzen Kugeln $= \frac{6}{10} \cdot \frac{5}{9} \approx 0{,}333$

d) Wahrscheinlichkeit, zuerst eine schwarze und dann eine rote Kugel zu ziehen =
$= \frac{4}{10} \cdot \frac{6}{9} \approx 0{,}267$

e) Der Ausdruck beschreibt die Wahrscheinlichkeit, dass eine rote und eine schwarze Kugel in beliebiger Reihenfolge gezogen werden.

190 **a)**

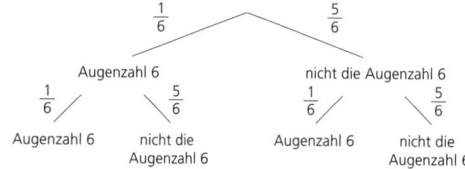

b) Wahrscheinlichkeit, dass zweimal nicht die Augenzahl 6 gewürfelt wird $= \frac{5}{6} \cdot \frac{5}{6} = \frac{25}{36}$

c) Wahrscheinlichkeit, dass einmal die Augenzahl 6 gewürfelt wird =
$= \frac{1}{6} \cdot \frac{5}{6} + \frac{5}{6} \cdot \frac{1}{6} = \frac{10}{36} = \frac{5}{18}$

191

Der Samstag ist der umsatzstärkste Wochentag.	**richtig**
Der Montag ist der umsatzschwächste Wochentag.	**falsch**
Am Mittwoch beträgt der Umsatz 1 800 €.	**richtig**
An zwei Wochentagen ist der Umsatz 2 500 €.	**falsch**
In der zweiten Wochenhälfte (Do bis Sa) beträgt der Gesamtumsatz 8 600 €.	**richtig**

192 **a)** Von 8:00 bis 13:00 Uhr steigt die Temperatur. Um 13:00 Uhr ist sie am höchsten.
b) Um 9:30 Uhr ist die Temperatur 17°C. Um ca. 10:30 Uhr und um 15 Uhr ist die Temperatur 20°C.

193

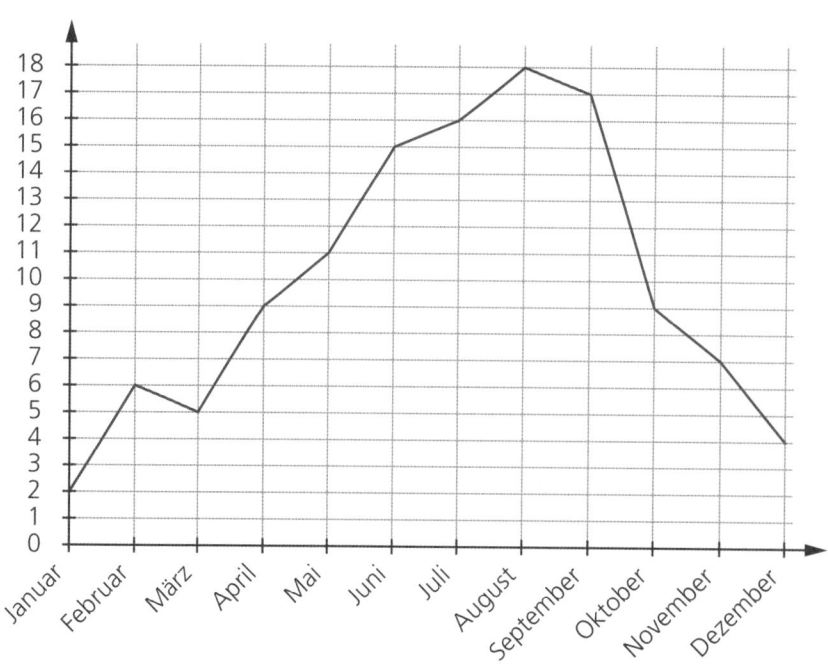

194

	unabhängige Variable	abhängige Variable
a)	Uhrzeit	Temperatur
b)	Geschwindigkeit	Zeit
c)	Spannung	Stromstärke
d)	Fahrzeit	Weg

195

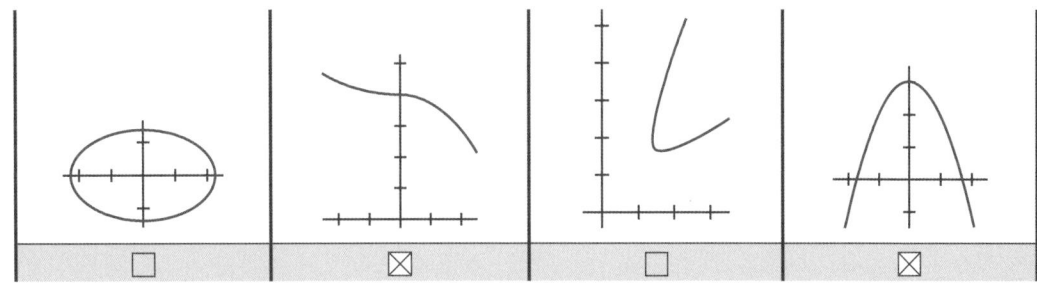

196

Mit zunehmender Geschwindigkeit vergrößert sich der Bremsweg.	**richtig**
Bei 30 km/h ist der Bremsweg über zehn Meter.	**falsch**
Bei 50 km/h ist der Bremsweg zwischen 30 und 40 m.	**falsch**
Mit einem Bremsweg von rund 25 m muss man bei einer Geschwindigkeit von 50 km/h rechnen.	**richtig**
Bei 70 km/h ist der Bremsweg knapp unter 50 m.	**richtig**

197

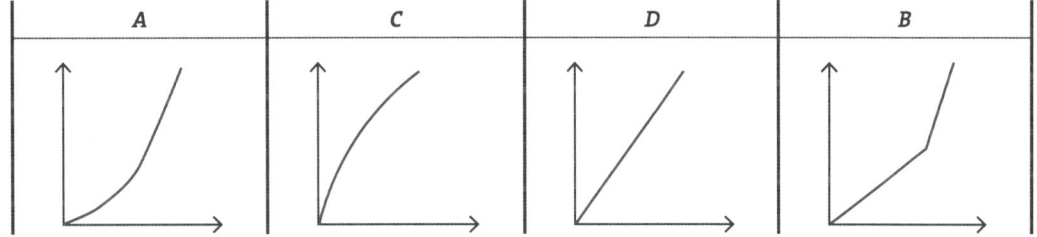

Beispiel S.97

a	$V(a)$
0	**0**
0,5	**0,125**
1	**1**
1,5	**3,375**
2	**8**
2,5	**15,625**

198 **a)** $A(a) = a^2$

b)

a	0	1	2	3	4	5	6
$A(a)$	0	1	4	9	16	25	36

c)

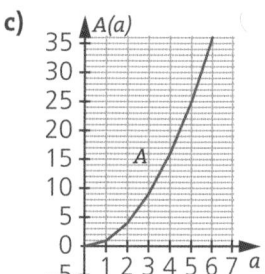

199 **a)**

t	1	2	3	4	5	6
$s(t)$	70	140	210	280	350	420

b)

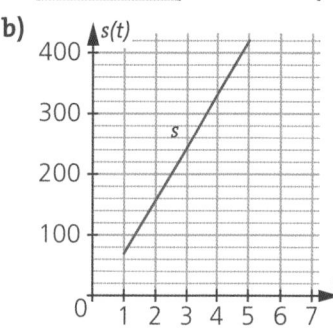

c) t … unabhängige Variable $s(t)$ … abhängige Variable

200 **a)**

v	0	20	40	60	80	100
$s(v)$	0	4	16	36	64	100

b)

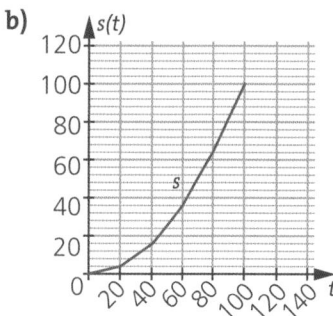

201 $y = x - 2$

x	−3	−2	−1	0	1	2	3
y	−5	−4	−3	−2	−1	0	1

Graf B

$y = 0{,}5x^2 - 3$

x	−3	−2	−1	0	1	2	3
y	1,5	−1	−2,5	−3	−2,5	−1	1,5

Graf C

$y = -(x^2 - 2)$

x	-3	-2	-1	0	1	2	3
y	-7	-2	1	2	1	-2	-7

Graf A

**Beispiel
S. 99**

x	$f_1(x) = x$	$f_2(x) = 1,5x$	$f_3(x) = -2x$
-2	-2	-3	4
-1	-1	$-1,5$	2
0	0	0	0
1	1	1,5	-2
2	2	3	-4

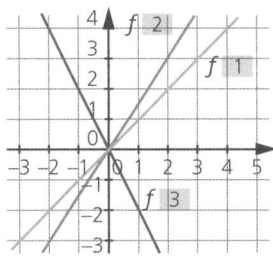

**Beispiel
S. 99**

	steigend	fallend
f_1	☒	☐
f_2	☒	☐
f_3	☐	☒

202

	Steigung	steigend	fallend
$f(x) = -3x$	-3	☐	☒
$y = 0,5x$	$0,5$	☒	☐
$y = -0,5x$	$-0,5$	☐	☒
$f(x) = -x$	-1	☐	☒
$f(x) = x$	1	☒	☐

203 a)

x	-1	0	1	2	3
$f(x)$	-3	0	3	6	9

b) $f(0) - f(-1) = 3$

$f(1) - f(0) = 3$

$f(2) - f(1) = 3$

$f(3) - f(2) = 3$

Die Differenzen, d. h. die Unterschiede der Funktionswerte, entsprechen der Steigung der linearen Funktion.

204 **a)** Steigung $= \dfrac{10-6}{4-3} = 4$

b) Steigung $= \dfrac{1-4}{-3-(-4)} = -3$

c) Steigung $= \dfrac{1-(-5)}{11-10} = 6$

Beispiel S.101

x	$f_1(x) = x + 2$	$f_2(x) = 1,5x - 1$	$f_3(x) = -2x + 4$
-2	0	-4	8
-1	1	$-2,5$	6
0	2	1	4
1	3	0,5	2
2	4	2	0

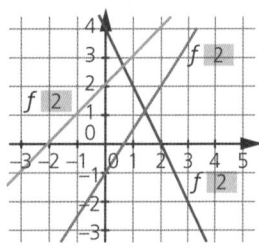

Schnittpunkte mit der y-Achse:

$f_1 \ldots (0|\mathbf{2})$ $f_2 \ldots (0|\mathbf{-1})$ $f_3 \ldots (0|\mathbf{4})$

205

	homogen	inhomogen	steigend	fallend	$(0|d)$
$x = 2x - 3$	☐	☒	☒	☐	$(0|-3)$
$y = x$	☒	☐	☒	☐	$(0|0)$
$y = -1,2x + 4$	☐	☒	☐	☒	$(0|4)$
$f(x) = -0,02x$	☒	☐	☐	☒	$(0|0)$

206 **a)**

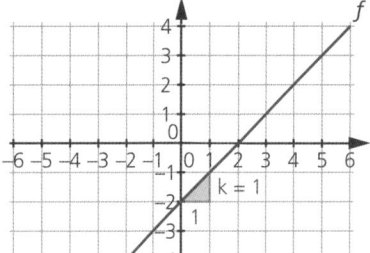

d)

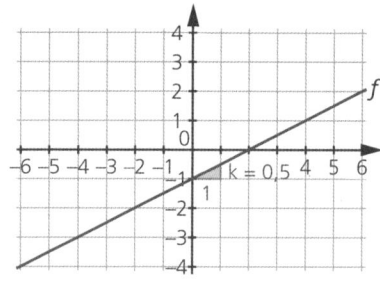

b)

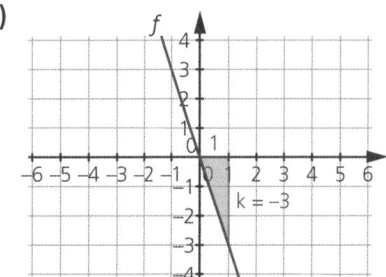

e)

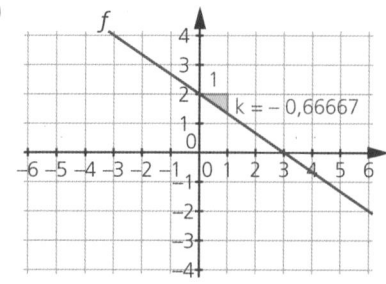

c)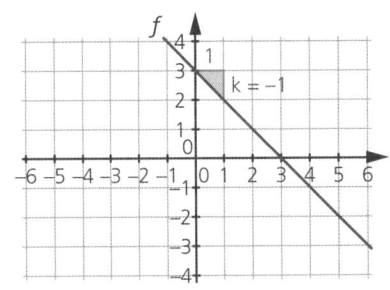

f)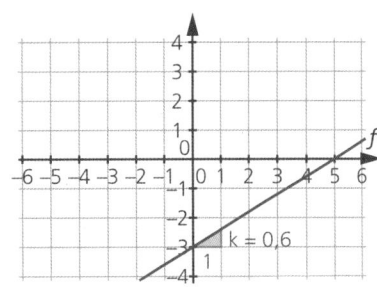

207 **a)** $-4x + y = 5$ **b)** $5x + y = -2$ **c)** $\frac{4}{7}x + y = -1$ **d)** $-\frac{1}{10}x + y = 0$

208 **a)** $y = -3x - 4$ **b)** $y = 3x + \frac{1}{2}$ **c)** $y = \frac{1}{3}x - 3$ **d)** $y = \frac{5}{2}x + 5$

209

$(3\,|-2)$	$(0{,}5\,|-2)$	$(0\,|\,1{,}5)$	$(3{,}5\,|\,0)$	$(-1\,|\,2)$
☐	☒	☐	☒	☐

210 **a)** $L = \{(x\,|\,y)\,|\,y = 2x - 1,\ x,\ y \in \mathbb{R}\}$

     b) $L = \{(x\,|\,y)\,|\,y = -\frac{1}{2}x + 6,\ x,\ y \in \mathbb{R}\}$

     c) $L = \{(x\,|\,y)\,|\,y = -\frac{3}{2}x - 3,\ x,\ y \in \mathbb{R}\}$

211 **a)** 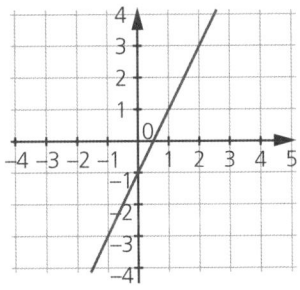   **b)** 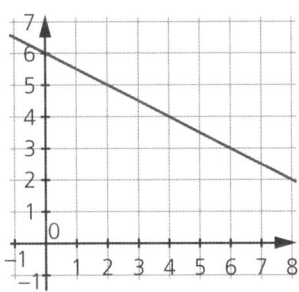   **c)**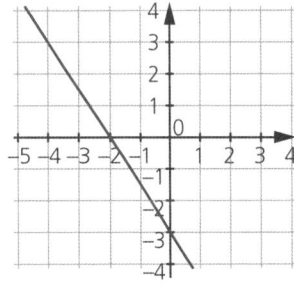

212 **a)** $2x + \frac{1}{2}y = 10$ $L = \{(x\,|\,y)\,|\,y = -4x + 20,\ x,\ y \in \mathbb{R}\}$

     b) $x - y = 5$ $L = \{(x\,|\,y)\,|\,y = x - 5,\ x,\ y \in \mathbb{R}\}$

     c) $3x + 7 = 2y,\ -3x + 2y = 7$ $L = \{(x\,|\,y)\,|\,y = \frac{3}{2}x + \frac{7}{2},\ x,\ y \in \mathbb{R}\}$

213 **a)** I: $y = -\frac{1}{2}x + 2$ II: $y = x - 1$

b)

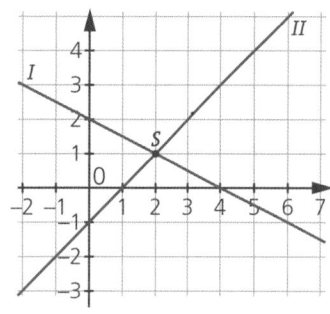

$$S = (2\,|\,1)$$

c) I: $2 + 2 \cdot 1 = 4$ II: $2 - 1 = 1$

214 **a)**

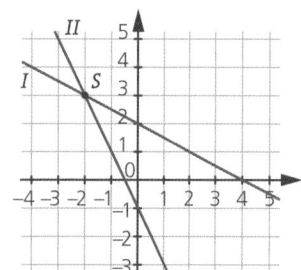

$$S = (-2\,|\,3)$$

b)

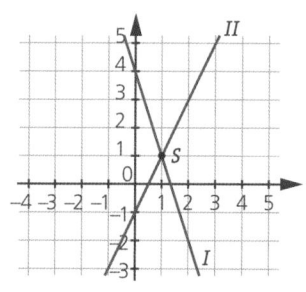

$$S = (1\,|\,1)$$

c)

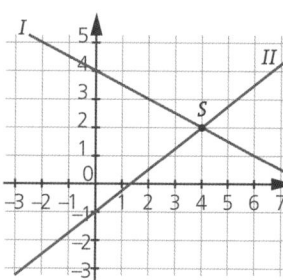

$$S = (4\,|\,2)$$

d)

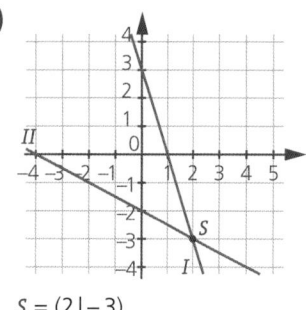

$$S = (2\,|\,-3)$$

e)

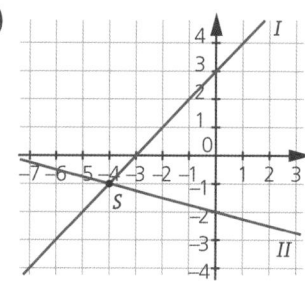

$$S = (-4\,|\,-1)$$

f)

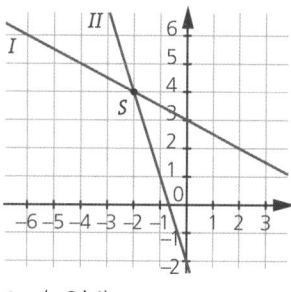

$$S = (-2\,|\,4)$$

215 **a)** I: $x + 2y = 8$
      II: $x - y = 2$ $x = 4$ $y = 2$

     b) I: $2y - 4 = x$
      II: $2x - 1 = y$ $x = 2$ $y = 3$

     c) I: $x + y = 2$
      II: $x - y = -10$ $x = -4$ $y = 6$

216

I: $-x + 2y = +4$ II: $x - 2y = -4$		I: $2y = x + 4$ II: $-x + 2y = 2$		I: $x + y = 2$ II: $y = 3 - x$		I: $2x + 3y = 6$ II: $-x - 1,5y = -3$	
C		A		D		B	
keine	unendl. viele	keine	unendl. viele	keine	unendl. viele	keine	unendl. viele
☐	☒	☒	☐	☒	☐	☐	☒

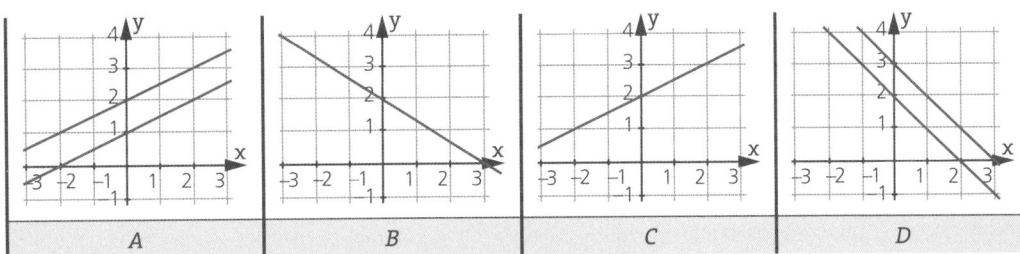

217 **a)**

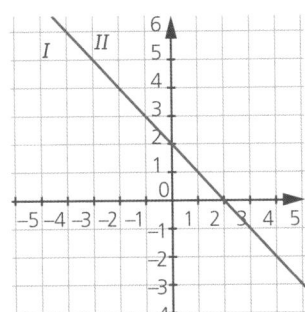

b)

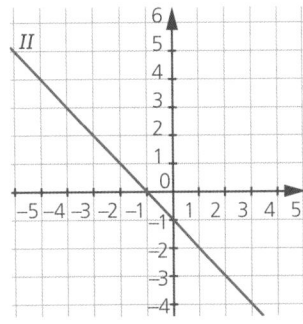

c)

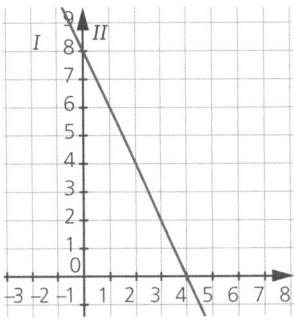

218 **a)**

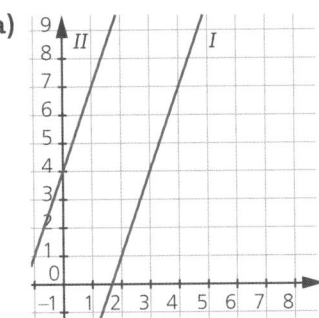

b)

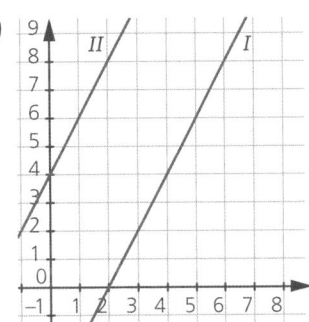

c)

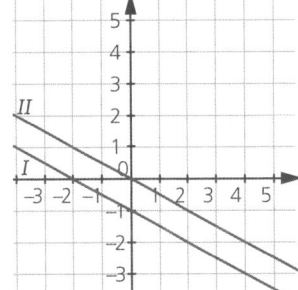

219 **a)** I: $y = \frac{2}{3}x + 3$

II: $y = \frac{2}{3}x - 1$

Gleiche Steigung, unterschiedliches d → parallele Geraden, d. h. keine Lösung

b) I: $-\frac{1}{2}x + 1$

II: $y = -\frac{1}{2}x + 1$

Gleiche Steigung, gleiches d → idente Geraden, d. h. unendlich viele Lösungen

c) I: $y = -\frac{5}{3}x - 1$

II: $y = \frac{1}{3}x - 5$

Unterschiedliche Steigungen → die Geraden schneiden sich, d. h. eindeutige Lösung

220
a) $-(9 - 5y) + 2y = -2$ → $y = 1$ $\quad x = 9 - 5 \cdot 1 = 4$
b) $2x + 3(3x - 5) = 7$ → $x = 2$ $\quad y = 3 \cdot 2 - 5 = 1$
c) $-2x - 3(9 - 3x) = 1$ → $x = 4$ $\quad y = 9 - 3 \cdot 4 = -3$

221
a) Z. B. y aus I ausdrücken → $x = -1$ $\quad y = -3$
b) Z. B. x aus I ausdrücken → $x = -1$ $\quad y = -1$
c) Z. B. y aus I ausdrücken → $x = 7$ $\quad y = 2$

222
a) $3y + 6 = 2 - y$ → $y = -1$ $\quad x = 3$
b) $x - 1 = 2x + 1$ → $x = -2$ $\quad y = -3$
c) $-3x = 4 - x$ → $x = -2$ $\quad 2y = 6$ → $y = 3$
d) $x - 15 = 10 - 4x$ → $x = 5$ $\quad 5y = -10$ → $y = -2$

223
a) Z. B. aus I und II y ausdrücken → $x = 1$ $\quad y = -1$
b) Z. B. aus I und II x ausdrücken → $x = 5$ $\quad y = -4$
c) Z. B. aus I und II $5y$ ausdrücken → $x = 5$ $\quad y = -1$
d) Z. B. aus I und II $2y$ ausdrücken → $x = 8$ $\quad y = 6$

224
a) Z. B. Gleichung II mit 3 multiplizieren → $x = -6$ $\quad y = 3$
b) Z. B. Gleichung I mit (-1) multiplizieren → $x = -6$ $\quad y = -2$
c) Z. B. Gleichung II mit (-2) multiplizieren → $x = -10$ $\quad y = -5$

225
a) z. B. Gleichung I mit (-4) multiplizieren → $x = -1$ $\quad y = 2$
b) z. B. Gleichung II mit 7 multiplizieren → $x = 3$ $\quad y = 4$
c) z. B. Gleichung II mit 7 multiplizieren → $x = 6$ $\quad y = 4$
d) I und II addieren → $x = 7$ $\quad y = -1$
e) z. B. Gleichung II mit 5 multiplizieren → $x = 1$ $\quad y = 1$
f) I und II addieren → $x = 3$ $\quad y = 4$
g) z. B. Gleichung II mit (-1) multiplizieren → $x = -3$ $\quad y = -1$
h) z. B. Gleichung II mit 2 multiplizieren → $x = -3$ $\quad y = 1$

226
x ... 1. Zahl $\quad$ y ... 2. Zahl
I: $7x - 5y = 13$
II: $x - 6y = -14$ → $x = 4$ $\quad y = 3$
Die Zahlen lauten 4 und 3.

227
x ... Hasen $\quad$ y ... Hühner
I: $x + y = 35$
II: $4x + 2y = 94$ → $x = 12$ $\quad y = 23$
Es gibt 12 Hasen und 23 Hühner.

228
x ... Karten zu 80 € $\quad$ y ... Karten zu 90 €
I: $x + y = 770$
II: $80x + 90y = 64\,800$ → $x = 450$ $\quad y = 320$
Es wurden 450 Karten zu 80 € und 320 Karten zu 90 € verkauft.

229 x … Zeit in h, die der Radfahrer unterwegs ist y … Zeit in h, die der Motorradfahrer unterwegs ist

I: $16x - 36y = 0$

II: $y = x - \dfrac{1}{2}$ → $x = \dfrac{9}{10}$ $y = \dfrac{2}{5}$

Der Radfahrer wird nach $\dfrac{9}{10}$ h $= \dfrac{9}{10} \cdot 60$ min $= 54$ min vom Motorradfahrer eingeholt.

Die Entfernung von A ist $16 \cdot \dfrac{9}{10} = 14,4$ km.

230 x … Menge des 20%-igen Alkohols in Liter y … Menge des 30%-igen Alkohols in Liter

I: $x + y = 50$

II: $20x + 30y = 50 \cdot 27$ → $x = 15$ $y = 35$

Man muss 15 Liter 20%-igen und 35 Liter 30%-igen Alkohol mischen.

231 x … Menge des Wassers in Liter y … Menge des 80%-igen Weingeists in Liter

I: $x + y = 70$

II: $0 \cdot x + 80y = 70 \cdot 75$ → $x = \dfrac{35}{8}$ $y = \dfrac{525}{8}$

Man muss $\dfrac{35}{8} = 4,375$ Liter Wasser und $\dfrac{525}{8} = 65,625$ Liter 80%-igen Weingeist mischen.

232 **a)** $k = \dfrac{3}{1} = 3$ **b)** $k = \dfrac{40}{1} = 40$ **c)** $k = \dfrac{12}{3} = 4$

Der Quotient $\dfrac{2.\text{Größe}}{1.\text{Größe}}$ ist immer konstant. Daher sind die Größen zueinander direkt proportional.

233

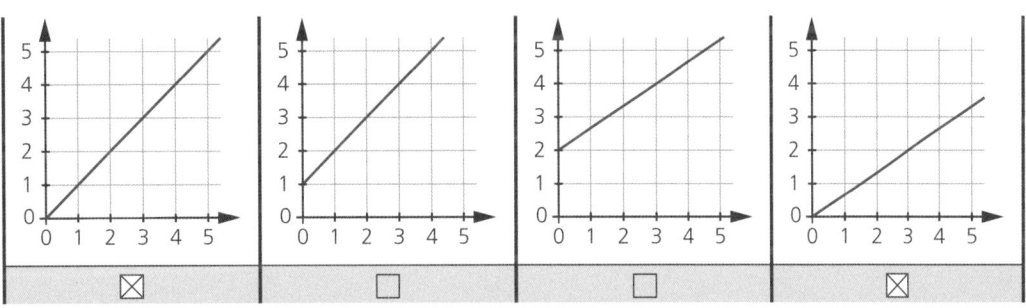

⊠	☐	☐	⊠

234

$y = 0,5 \cdot x$	$w = 5 \cdot r + 1$	$E = \dfrac{2}{3} \cdot v$	$F = 10 \cdot b$	$A = 3 \cdot b - 1$
⊠	☐	⊠	⊠	☐

235 **a)** Die Verlängerung und das Gewicht stehen in einem direkt proportionalen Zusammenhang, da der Quotient $\dfrac{cm}{N}$ immer konstant 1,2 ist.

b) V(N) … Verlängerung in cm bei einem Gewicht von N Newton

V(N) = 1,2 · N

236 **a)** Für eine Stunde bekommt der Arbeiter 315 : 35 = 9 €. Für zwei Stunden doppelt so viel, für drei Stunden dreimal so viel usw.

b) Auf einem Hektar werden 450 : 3 = 150 kg Saatgut ausgebracht. Auf zwei Hektar doppelt so viel, auf drei Hektar dreimal so viel usw.

c) Das Auto braucht auf 200 km durchschnittlich doppelt so viel, auf 300 km durchschnittlich dreimal so viel Treibstoff usw.

Eine Verdoppelung, Verdreifachung usw. der einen Größe bedeutet eine Verdoppelung, Verdreifachung usw. der anderen Größe. D. h., die Größen stehen in einem direkt proportionalen Zusammenhang.

237 **a)** $k = 50 \cdot 1 = 50$ **b)** $k = 350 \cdot 1 = 350$ **c)** $k = 5 \cdot 1 = 5$

Das Produkt 1. Größe · 2. Größe ist immer konstant. Die Größen stehen daher in einem indirekt proportionalen Zusammenhang.

238

$y = \dfrac{5}{x}$	$R = \dfrac{1}{s}$	$y = \dfrac{1}{3} \cdot x$	$u = b : 10$	$A = \dfrac{100}{B}$
☒	☒	☐	☐	☒

239 **a)**

Verbrauch auf 100 km in Liter	15	20	30
Reichweite in km	400	300	200

Die Größen sind zueinander indirekt proportional, da 15 · 400 = 20 · 300 = 30 · 200 = 6 000 gilt.

b) Proportionalitätsfaktor $k = 6 000$

$$R(x) = \frac{6\,000}{x}$$

$R(x)$ … Reichweite in km bei einem Verbrauch von x Liter/100 km

240 π ist eine **Dezimalzahl** mit unendlich vielen, nicht periodischen Stellen, als eine **irrationale** Zahl. π ist so geheimnisvoll, dass sich schon sehr viele **Mathematiker** mit ihr beschäftigt haben. Der griechische Mathematiker und **Wissenschaftler**, **Archimedes** (287 bis 212 v. Chr.), fand schon einen **Näherungswert** für π. Viele **Jahre** lang hatte **Ludolph** van Ceulen (1540 bis 1610), ein holländischer **Physiker**, nichts Besseres zu tun, als an π herumzurechnen. Er konnte **35** Stellen berechnen. Bis ins 19. Jahrhundert wurde deshalb π auch als die **Ludolphsche Zahl** genannt.

241

		Umfang	Flächeninhalt
a)	$r = 3,2$ cm	20,11	32,17
b)	$r = 12,3$ cm	77,28	475,29
c)	$r = 20$ cm	125,66	1 256,64
d)	$d = 31$ cm	97,39	754,77
e)	$d = 11,5$ cm	36,13	103,87
f)	$d = 0,9$ cm	2,83	0,64

242 $u = 2 \cdot r \cdot \pi \quad | : 2\pi \qquad\qquad \dfrac{u}{2\pi} = r$

$A = r^2\pi \quad | : \pi \qquad\qquad \dfrac{A}{\pi} = r^2 \qquad\qquad \sqrt{\dfrac{A}{\pi}} = r$

243

		Radius r	Durchmesser d
a)	$u = 5,2$ cm	0,83	1,66
b)	$u = 41,5$ cm	6,60	13,21
c)	$u = 0,85$ cm	0,14	0,27
d)	$A = 34$ cm^2	3,29	6,58
e)	$A = 56,2$ cm^2	4,23	8,46
f)	$A = 11,1$ cm^2	1,88	3,76

244 a) 4,78 cm b) 18,73 cm c) 77,18 cm d) 141,72 cm

245 a) 12,73 cm b) 40,08 cm c) 53,16 cm d) 197,54 cm

246 a) 807,78 cm^2 b) 1 954,32 cm^2 c) 2 510,76 cm^2 d) 959,93 cm^2

247 $b = \frac{r\pi\alpha}{180}$ $| \cdot 180$ $\qquad b \cdot 180 = r\pi\alpha$ $| : \alpha\pi$ $\qquad \frac{b \cdot 180}{\alpha\pi} = r$

248

	Bogenlänge b	Radius r
a)	$b = 36$ cm, $\alpha = 14°$	147,33
b)	$b = 121$ cm, $\alpha = 175°$	39,62

249 Maße in cm bzw. cm^2

	b	s	$u = b + s$	A_{Sektor}	$A_{Dreieck}$	$A = A_{Sektor} - A_{Dreieck}$
a)	14,45	13,01	27,46	66,48	42,32	24,16
b)	24,82	22,34	47,16	196,07	124,82	71,25
c)	45,55	41,01	86,57	660,52	420,5	240,02

250 Maße in cm bzw. cm^2

	b	s	$u = b + s$	A_{Sektor}	$A_{Dreieck}$	$A = A_{Sektor} - A_{Dreieck}$
a)	6,91	6,6	13,51	22,81	18,86	3,95
b)	29,43	28,1	57,53	413,44	341,91	71,53
c)	31,83	30,4	62,23	483,89	400,17	83,72

251 Maße in cm bzw. cm^2

	Umfang	Flächeninhalt
a)	125,66	251,33
b)	52,78	42,22
c)	65,35	117,62

Beispiel

S.125

$$M = 2 \cdot 3 \cdot \pi \cdot 12 \approx \mathbf{226{,}19} \text{ cm}^2$$
$$O = 2 \cdot 3^2 \cdot \pi + 2 \cdot 3 \cdot \pi \cdot 12 \approx \mathbf{282{,}74} \text{ cm}^2$$

252 **a)** 2 827,43 cm²   **b)** 732,62 cm²   **c)** 276,46 cm²   **d)** 446,11 cm²

253 **a)** 30 159,29 cm²   **b)** 30 027,34 cm²   **c)** 4 555,31 cm²   **d)** 888,19 cm²

254 **a)** $M = 2r\pi h \quad | : (2h\pi)$ **b)** $M = 2r\pi h \quad | : (2r\pi)$

$\dfrac{M}{2h\pi} = r$ $\qquad\qquad\qquad\qquad\qquad$ $\dfrac{M}{2r\pi} = h$

255 **a)** 2,03 cm   **b)** 2,61 cm

256 $O = 2r^2\pi + 2r\pi h \quad | -2r^2\pi \qquad O - 2r^2\pi = 2r\pi h \quad | : (2r\pi) \qquad \dfrac{O - 2r^2\pi}{2r\pi} = h$

257 21,61 cm $\qquad\qquad\qquad\qquad\qquad$ 3,20 cm

258

$4 \cdot r \cdot \pi$	$4 \cdot r^3 \cdot \pi$	$4 \cdot r^2 \cdot \pi$	$8 \cdot r^2 \cdot \pi$
☐	☐	☒	☐

$h = 2r \quad M = 2r\pi h = 2r\pi \cdot 2r = 4r^2\pi$

259

r in cm	3	4	20	15
h in cm	5	4	11	30
G in cm²	9π	16π	400π	225π
V in cm³	45π	64π	4400π	6750π
V gerundet	141,37	201,06	13 823,01	21 205,75

260 **a)** 5 428,67 cm³   **b)** 359,68 cm³   **c)** 50 391,22 cm³

261 **a)** 0,14 l   **b)** 0,20 l   **c)** 0,11 l

262 522,79 Liter

263 $V_1 = 5^2 \cdot \pi \cdot 10 = 250\pi \text{ cm}^3$

$V_2 = 10^2 \cdot \pi \cdot 10 = 1\,000\pi \text{ cm}^3$

$\dfrac{V_2}{V_1} = 4$ d. h., V vervierfacht sich.

264 **a)** $V = r^2\pi h \quad | : (\pi h)$

$\dfrac{V}{\pi h} = r^2$

$\sqrt{\dfrac{V}{\pi h}} = r$

b) $V = r^2\pi h \quad | : (\pi r^2)$

$\dfrac{V}{\pi r^2} = h$

265

	a)	b)	c)	d)
Radius	10 cm	**0,47 m**	42 mm	**0,34 dm**
Körperhöhe	**14,32 cm**	3,8 m	**0,099 mm**	2,5 dm
Volumen	4 500 cm³	2,5 m³	550 mm³	0,9 dm³

266 $V = 1,6 \, l = 1,6 \text{ dm}^3$

$h = 20 \text{ cm} = 2 \text{ dm}$

$V = \dfrac{d^2}{4} \cdot \pi \cdot h \quad | \cdot 4$

$4V = d^2 \cdot \pi \cdot h \quad | : (\pi h)$

$\dfrac{4V}{\pi h} = d^2$

$\sqrt{\dfrac{4V}{\pi h}} = d \quad \rightarrow \quad d = \sqrt{\dfrac{4 \cdot 1,6}{2\pi}} = \sqrt{\dfrac{4 \cdot 0,8}{\pi}} = 2 \cdot \sqrt{\dfrac{0,8}{\pi}}$

267 **a)** $s = 12$ cm $\qquad M \approx 271,43 \text{ cm}^2$
b) $s = 82$ mm $\qquad M \approx 4\,636,99 \text{ mm}^2$
c) $s = 12,5$ cm $\qquad M \approx 172,79 \text{ cm}^2$
d) $s = 65$ mm $\qquad M \approx 7\,963,94 \text{ mm}^2$

268 **a)** $s = 30$ m $\qquad M \approx 1\,696,46 \text{ m}^2$
b) $s = 20$ m $\qquad M \approx 753,98 \text{ m}^2$
c) $s = 13$ m $\qquad M \approx 204,20 \text{ m}^2$
d) $s = 15$ m $\qquad M \approx 424,12 \text{ m}^2$

269 **a)** $s = 4$ m $\qquad M \approx 40,21 \text{ m}^2$
b) $s = 5,1$ m $\qquad M \approx 72,10 \text{ m}^2$
c) $s = 3$ m $\qquad M \approx 16,96 \text{ m}^2$

270 **a)** $s = 37$ cm $\qquad O \approx 1\,847,25 \text{ cm}^2$
b) $s = 20$ cm $\qquad O \approx 1\,206,37 \text{ cm}^2$
c) $s = 26$ cm $\qquad O \approx 1\,130,97 \text{ cm}^2$

271 $M = r \cdot \pi \cdot s$

$M_{neu} = 2r \cdot \pi \cdot 2s = 4 \cdot r \cdot \pi \cdot s \qquad$ Die Mantelfläche vervierfacht sich.

Beispiel S.131

Nach dem Satz des Pythagoras gilt:

$h^2 = s^2 - r^2$ → $h = \sqrt{s^2 - r^2}$

$h = \sqrt{21{,}2^2 - 11{,}2^2} = 18$ cm

$V = \dfrac{r^2 \pi h}{3} = \dfrac{11{,}2^2 \pi \cdot 18}{3} \approx 2\,364{,}49$ cm^3

272

r in cm	4	12	12	30
h in cm	9	5	11	20
G in cm^2	16π	144π	144π	900π
V in cm^3	48π	240π	528π	$6\,000\pi$

273 a) $V = 60{,}94$ cm^3 c) $V = 2\,094{,}40$ cm^3
b) $V = 2\,309{,}75$ cm^3 d) $V = 1\,270{,}91$ cm^3

274 a) 1,27 Liter   b) 3,53 Liter   c) 10,89 Liter   d) 1,39 Liter

275 a) $h = \sqrt{s^2 - r^2}$ $h = 28$ cm $V \approx 12\,930{,}80$ cm^3
b) $h = \sqrt{s^2 - r^2}$ $h = 9{,}6$ cm $V \approx 78{,}82$ cm^3
c) $r = \sqrt{s^2 - r^2}$ $r = 2{,}8$ cm $V \approx 160{,}10$ cm^3
d) $r = \sqrt{s^2 - r^2}$ $r = 3{,}2$ cm $V \approx 64{,}34$ cm^3

276 a) $V = \dfrac{r^2 \pi h}{3}$ $| \cdot 3$

$3V = r^2 \pi h$ $| : \pi h$

$\dfrac{3V}{\pi h} = r^2$

$\sqrt{\dfrac{3V}{\pi h}} = r$

b) $V = \dfrac{r^2 \pi h}{3}$ $| \cdot 3$

$3V = r^2 \pi h$ $| : r^2 \pi$

$\dfrac{3V}{r^2 \pi} = h$

277 a) $r \approx 3{,}09$ cm   b) $h \approx 2{,}48$ cm   c) $V \approx 167{,}55$ cm^3 d) $r \approx 3{,}64$ cm

Beispiel S.133

$h = 2 \cdot r = 2 \cdot 8 = 16$ cm

$V = r^2 \cdot \pi \cdot h = 64 \cdot \pi \cdot 16 = 1\,024\pi$

Beispiel S.133

$s = 2 \cdot r = 2 \cdot 11 = 22$ cm

$h = \sqrt{s^2 - r^2} = \sqrt{22^2 - 11^2} \approx 19{,}05$ cm

$V = \dfrac{r^2 \pi h}{3} = \dfrac{11^2 \pi \cdot 19{,}05}{3} \approx 2\,414{,}17$ cm^3

278

r in cm	6	10	9	0,8
d in cm	12	20	18	1,6
h in cm	12	20	18	1,6
M in cm²	452,39	1256,64	1017,88	8,04
O in cm²	678,58	1884,96	1526,81	12,06
V in cm³	1357,17	6283,19	4580,44	3,22

279

r in cm	7,1	20	1	31
d in cm	14,2	40	2	62
s in cm	14,2	40	2	62
M in cm²	316,74	2513,27	6,28	6038,14
O in cm²	475,10	3769,91	9,42	9057,21
V in cm³	649,18	14510,39	1,81	54034,90

280 $h = 2r$ $\qquad\qquad\qquad M = 2r\pi \cdot h = 2r\pi \cdot 2r = 4r^2\,\pi$

281 $s = 2r$ $\qquad\qquad\qquad M = r\pi s = r\pi \cdot 2r = 2r^2\pi$

282 **a)** $h = 2r \qquad V = r^2\pi h = r^2\pi \cdot 2r = 2r^3\pi$

b) $s = 2r \qquad\qquad\qquad h = \sqrt{s^2 - r^2} = \sqrt{4r^2 - r^2} = \sqrt{3r^2} = r\sqrt{3}$

$V = \dfrac{r^2\pi h}{3} = \dfrac{r^2\pi \cdot r\sqrt{3}}{3} = \dfrac{r^3\pi\,\sqrt{3}}{3}$

1. Schularbeit

1   **a)** Fehlerhafte Werkstücke $= 0{,}02a + 0{,}03b + 0{,}009c$

b) $0{,}02 \cdot 4\,000 + 0{,}03 \cdot 1\,500 + 0{,}009 \cdot 3\,120 \approx 153$

2   **a)** $4a^2 - 4ab + b^2$ **b)** $a^2 + 10ab + 25b^2$

3 $4a^2 - 4ab + b^2 - 6ab + 3b^2 + a^2 - b^2 = 5a^2 - 10ab + 3b^2$

Anfangsterm: -3 Ergebnisterm: -3

4 $(2x - y)^2$

5   1. Person ... x 3. Person ... $\frac{x}{4}$

2. Person ... $\frac{x}{2}$ 4. Person ... $\frac{x}{8}$

$$x + \frac{x}{2} + \frac{x}{4} + \frac{x}{8} = 450$$

$$\frac{15x}{8} = 450$$

$$x = 450 : \frac{15}{8} = 240 \qquad \text{Die vier Personen erhalten 240 €, 120 €, 60 € und 30 €.}$$

2. Schularbeit

1 $\dfrac{(x-1)(x+1)}{(x+1)^2} = \dfrac{x-1}{x+1}$ $x \neq -1$

$\dfrac{3(x+4)}{(x-4)(x+4)} = \dfrac{3}{(x-4)}$ $x \neq -4, x \neq 4$

2 $\dfrac{2x-3}{3x+1} + \dfrac{1-x}{x^2-1} = \dfrac{2x-3}{3x+1} - \dfrac{x-1}{(x-1)(x+1)} = \dfrac{2x-3}{3x+1} - \dfrac{1}{x+1} = \dfrac{(2x-3)(x+1) - 3x - 1}{(3x+1)(x+1)} =$

$= \dfrac{2x^2 - x - 3 - 3x - 1}{(3x+1)(x+1)} = \dfrac{2x^2 - 4x - 4}{(3x+1)(x+1)}$ $x \neq -\dfrac{1}{3}, x \neq -1, x \neq 1$

3 $\dfrac{5a^4 \cdot 3b}{-2b^3 \cdot 2a^3} = \dfrac{15a^4 b}{-4b^3 a^3} = \dfrac{15a}{-4b^2} = -\dfrac{15a}{4b^2}$ $a, b \neq 0$

$\dfrac{(x-1)^2}{y^2} \cdot \dfrac{y}{(x-1)(x+1)} = \dfrac{(x-1)}{y(x+1)}$ $y \neq 0, y \neq 1, y \neq -1$

4 $(x-1)(x-1) = (x+4)(x+1)$

$x^2 - 2x + 1 = x^2 + 5x + 4$

$-7x = 3$

$x = -\dfrac{3}{7}$ $x \neq -1, x \neq 1$ Probe: $-\dfrac{2}{5} = -\dfrac{2}{5}$

5 Zahl … x

$$\frac{8}{x-3} = \frac{9}{3x+5}$$

$$24x + 40 = 9x - 27$$

$$15x = -67$$

$$x = -\frac{67}{15} \quad \text{Die Zahl lautet } -\frac{67}{15}.$$

3. Schularbeit

1 **a)** $\sqrt{112} = \sqrt{16 \cdot 7} = 4\sqrt{7}$
b) $\sqrt{a \cdot b^4} = b^2\sqrt{a}$

2 $s = \sqrt[3]{14{,}872} \approx 2{,}46$ m

3 $u = 2 \cdot 6380 \cdot \pi \approx 40\,086{,}72$ km $\qquad\qquad u : 760 \approx 52{,}75$
Das Flugzeug braucht rund 53 Stunden.

4 $A_{Platte} = 150^2 = 22\,500$ mm^2

$A_{Kreis} = \frac{55^2}{4} \cdot \pi \approx 2\,375{,}83$ mm^2

$A_{Abfall} = A_{Platte} - A_{Kreis} \approx 20\,124{,}17$ mm^2

$p = \frac{A_{Abfall}}{A_{Platte}} \cdot 100 \approx 89{,}44\%$ … Abfall in Prozent

5 $u = 45\pi + 51\pi \approx 301{,}59$ cm $\qquad A = \frac{51^2}{4} \cdot \pi - \frac{45^2}{4} \cdot \pi \approx 452{,}39$ cm^2

6 $b = \frac{r\pi\alpha}{180}$ $\qquad\qquad r = \frac{180b}{\pi\alpha} = \frac{180 \cdot 84}{66\pi} \approx 72{,}92$ mm

4. Schularbeit

1 $a = \frac{2A}{b} = 36$ cm $\qquad\qquad c = \sqrt{a^2 + b^2} = 48{,}1$ cm

2 Hypotenuse $= \sqrt{56^2 + 105^2} = 119$ mm $\qquad u = a + b + c = 56 + 105 + 119 = 280$ mm

$\qquad\qquad\qquad\qquad\qquad\qquad\qquad\qquad A = \frac{ab}{b} = \frac{56 \cdot 105}{2} \approx 2\,940$ mm^2

3 $a = \sqrt{3{,}6^2 + 4{,}8^2} = 6$ cm $\qquad\qquad b = \sqrt{6{,}4^2 + 4{,}8^2} = 8$ cm

4 Fehlende Seitenlänge $= \sqrt{87^2 - 63^2} = 60$ cm

5

$$A = \frac{ef}{2} \qquad f = 1{,}5e$$

$$1\,400 = \frac{e \cdot 1{,}5e}{2}$$

$$1\,400 = \frac{1{,}5e^2}{2}$$

$$\frac{1\,400 \cdot 2}{1{,}5} = e^2$$

$$\sqrt{\frac{1\,400 \cdot 2}{1{,}5}} = e$$

$$e \approx 43{,}20 \text{ dm} \qquad f \approx 64{,}81 \text{ dm}$$

$$a = \sqrt{\left(\frac{e}{2}\right)^2 + \left(\frac{f}{2}\right)^2} \approx 38{,}94 \text{ dm}$$

6 **a)** $h_1 = \sqrt{h^2 + \left(\frac{a}{2}\right)^2} \approx 2{,}00 \text{ m}$ **b)** $s = \sqrt{h_1^2 + \left(\frac{a}{2}\right)^2} \approx 2{,}18 \text{ m} \dots$ Zeltstablänge

$O = a^2 + 2a \cdot h_1 \approx 10{,}07 \text{ m}^2 \dots$ Zeltstoff

5. Schularbeit

1 **a)**

Stunden	1	2	3	4	5
Weg in km	90	180	270	360	450

b) $s(t) = 90 \cdot t$ $s(t) \dots$ Weg in km $t \dots$ in Stunden

c) $210 = 90t$

$t \approx 2{,}33 \text{ h}$

2 **a)** Steigung $k = -2$ Schnittpunkt mit der y – Achse: $(0\,|\,1{,}2)$

b)

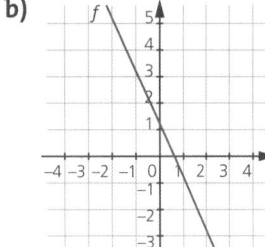

3

x	y
0	0,6666
1	1
2	2
3	–
4	−2
5	−1
6	−0,6666

Wertetabelle:

Graf:

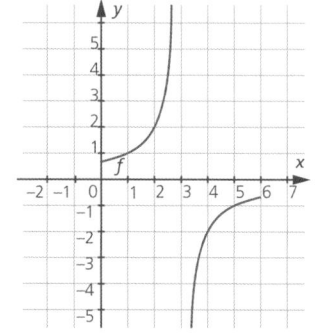

$x \neq 3$

C Quartile / Box-Plot-Diagramm

- Quartile teilen eine geordnete Datenreihe in **vier gleich große** Teillisten.

- Das erste Quartil q_1 ist der Median der ersten Datenhälfte und das dritte Quartil q_3 der Median der zweiten Datenhälfte.

- Das zweite Quartil q_2 ist der Median der Datenreihe.

REGEL

$q_3 - q_1$ ist der **Quartilabstand**

Beim Schlagball werden folgende Weiten in m erzielt:

1. Datenhälfte   Median   2. Datenhälfte

39 39 39 | 41 42 42 | 44 44 45 | 46 46 47

q_1 q_2 q_3

$q_1 = (39 + 41) : 2$ $q_2 = (42 + 44) : 2$ $q_3 = (45 + 46) : 2$

$q_1 = 40$ $q_2 = 43$ $q_3 = 45,5$

Mindestens ein Viertel der Weiten **(25%)** liegt unter 40 m.

Mindestens die Hälfte der Weiten **(50%)** liegt unter 43 m.

Mindestens drei Viertel der Weiten **(75%)** liegen unter 45,5 m.

Quartilabstand $q_3 - q_1 = 45,5 - 40 = 5,5$ m

- Das **Box-Plot-Diagramm** (**Kastenschaubild**) vermittelt einen Eindruck, wie die Daten einer Datenreihe verteilt sind.

- Im Box-Plot-Diagramm werden Minimum, Maximum sowie q_1, q_2 und q_3 grafisch dargestellt. Die mittleren 50% (der Bereich von q_1 bis q_3) werden durch ein Rechteck („Kasten") hervorgehoben.

Box-Plot zum obigen Beispiel:

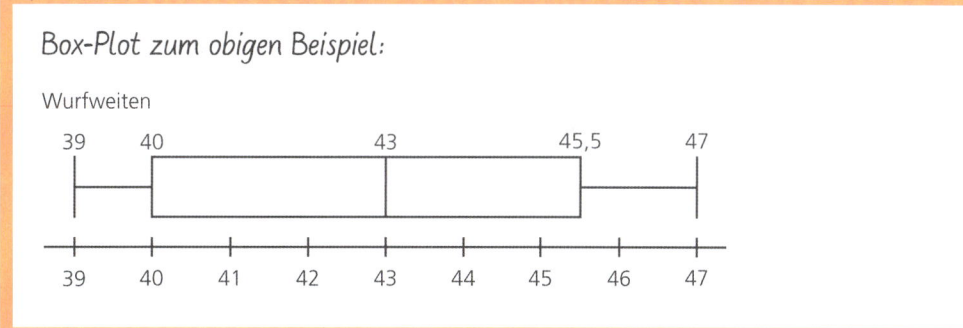

- Ist nur ein Box-Plot-Diagramm gegeben, kann man nicht wissen, ob q_1, q_2 bzw. q_3 zur Datenreihe gehören oder nicht. Man sagt daher:
  Mindestens 25% der Daten sind kleiner als q_1, **mindestens 50%** sind kleiner als q_2 und **mindestens 75%** sind kleiner als q_2.

171 Berechne die Quartile, den Quartilabstand und zeichne ein Box-Plot-Diagramm.

✳ **a)** Körpergrößen in cm:
✳ 148 149 151 151 152 157 158 158 159 160 160 163 163 165 170

b) Punktezahlen bei einem Test:
10 20 20 27 28 30 30 33 33 33 35 35 39 40 40 41 42 45

c) Wurfweiten beim Schlagball in m:
40 42 42 38 41 44 45 50 51 47 43 42 42 46

© VERITAS Verlag Linz. – Durchstarten Mathematik 4. Klasse Mittelschule/AHS. Lernhilfe

172 Kreuze an, welche Aussagen zum gegebenen Kastenschaubild über das Alter der Besucherinnen und Besucher eines Konzerts richtig bzw. falsch sind. Finde das Lösungswort.

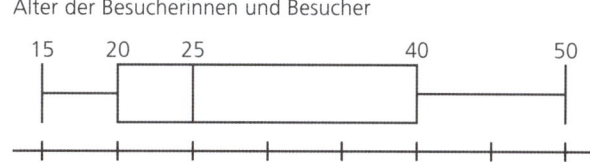

Alter der Besucherinnen und Besucher

	richtig	falsch
Es gibt genau eine Person, die 15 Jahre alt ist, bei dem Konzert.	☐ R	☐ S
Mindestens eine Person, die das Konzert besucht, ist 50 Jahre alt.	☐ T	☐ R
Mindestens 50% der Konzertbesucherinnen und -besucher sind 20 bis 40 Jahre alt.	☐ A	☐ Ü
Es gibt mehr Personen, die 25 bis 40 Jahre alt sind als Personen im Alter von 15 bis 20 Jahren.	☐ V	☐ A
Mindestens 75% des Publikums ist mindestens 20 Jahre alt.	☐ T	☐ M

Lösungswort: _____

173 Die Anzahl der in einem Jahr in einer Bücherei ausgeliehenen Bücher wird nach Altersgruppen getrennt jeweils in einem Kastenschaubild dargestellt. Lies fünf Informationen aus den Diagrammen heraus.

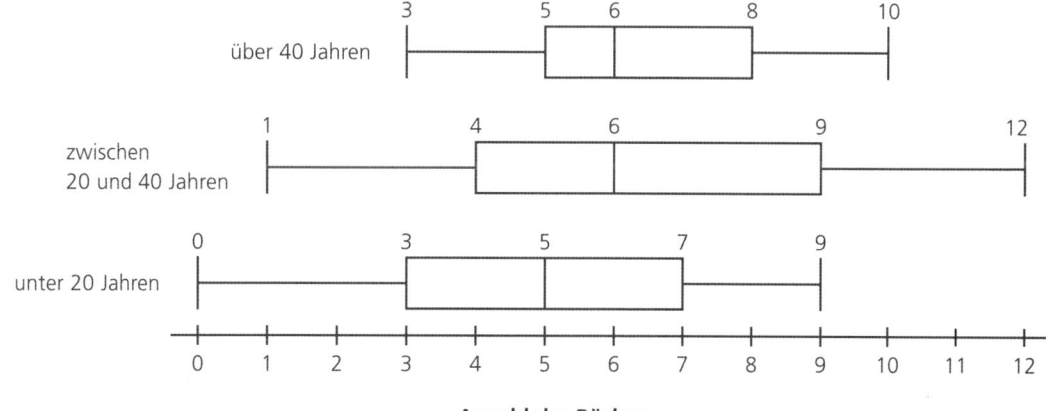

Anzahl der Bücher

TEST

Online-Test
Finde heraus, ob du das Thema dieses Kapitels schon drauf hast. Einfach QR-Code scannen und los geht's!

Wahrscheinlichkeitsrechnung

A Grundbegriffe

- Ein Versuch (Experiment), dessen Ergebnisse zufällig sein, wird als **Zufallsversuch** (Zufallsexperiment) bezeichnet.

- Alle auftretenden Ergebnisse werden in der **Ergebnismenge** (im Grundraum) Ω (sprich: Omega) zusammengefasst.

> Das einmalige Werfen eines achtseitigen Würfels ist eine Zufallsversuch.
> Dabei können die Augenzahlen von 1 bis 8 auftreten, d.h.
> $\Omega = \{1, 2, 3, 4, 5, 6, 7, 8\}$

stock.adobe.com/Dmitri Stalnuhhin

- Zu einem bestimmten **Ereignis** kann die dazugehörige **Ereignismenge** angegeben werden. Die Ereignismenge ist eine **Teilmenge** des Grundraums Ω.

> Ereignis 1: Beim einmaligen Werfen eines achtseitigen Würfels tritt die Augenzahl 7 auf.
> Ereignismenge → $E_1 = \{7\}$
> Ereignis 2: Beim einmaligen Werfen eines achtseitigen Würfels tritt eine Primzahl auf.
> Ereignismenge → $E_2 = \{2, 3, 5, 7\}$

- Im Alltag sagt man oft, dass Ereignisse, die ganz sicher eintreten, zu 100% eintreten. Solche Ereignisse heißen **sichere Ereignisse** und treten mit der Wahrscheinlichkeit $100\% = \frac{100}{100} = 1$ ein.
Ereignisse, die nicht eintreten können, heißen **unmögliche Ereignisse**.
Unmögliche Ereignisse treten mit der Wahrscheinlichkeit 0% = 0 ein.

> *Sicheres* Ereignis: Timo hat in einem Jahr an einem Montag, Dienstag, Mittwoch, Donnerstag, Freitag, Samstag oder Sonntag Geburtstag.
>
> *Unmögliches* Ereignis: Beim Werfen eines sechsseitigen Würfels mit den Augenzahlen 1 bis 6 tritt die Augenzahl 7 auf.

174 Gib für den Zufallsversuch den Grundraum Ω an.

✳ **a)** Ein sechsseitiger Würfel wird einmal geworfen

Ω = _____

b) Eine Münze („Kopf" oder „Zahl") wird einmal geworfen.

Ω = _____

c) Aus eine Klasse, in der Schülerinnen und Schüler sind, wird eine Person zufällig ausgewählt.

Ω = _____

d) Aus einer Schachtel, in der nur durch die Farbe unterscheidbare rote und weiße Kugeln sind, wird eine Kugel zufällig gezogen.

Ω = _____

175 Gib die zum Ereignis des Zufallsversuchs passende Ereignismenge an.

✳ **a)** Ein zwölfseitiger Würfel wird einmal geworfen.

Ereignis: Die Augenzahl ist durch drei teilbar. $E = \{$ _____ $\}$

b) Aus einem Behälter mit blauen, grünen und roten Kugeln, die sich nur durch die Farbe unterscheiden, wird zufällig eine Kugel gezogen.

Ereignis: Die Kugel ist nicht blau. $E = \{$ _____ $\}$

c) Ein achtseitiger Würfel wird einmal geworfen.

Ereignis: Die Augenzahl ist größer als fünf. $E = \{$ _____ $\}$

176 Kreuze an, ob das Ereignis sicher oder unmöglich ist.

✳
✳

	sicheres Ereignis	unmögliches Ereignis
Ein Mensch springt ohne Hilfsmittel aus dem Stand 20 Meter hoch.	☐	☐
Wenn man einen Beutel mit nur roten Kugeln hat und eine Kugel zieht, ist sie rot.	☐	☐
Beim Addieren einer Zahl mit null bleibt die Zahl unverändert.	☐	☐
Man zieht eine blaue Kugel aus einem Beutel, der nur rote und grüne Kugeln enthält.	☐	☐

177 Schätze, in welchem Bereich sich die Wahrscheinlichkeit des Ereignisses befindet. Zwischen 0% und 50% oder 50% und 100%.

✳
✳ **a)** Timo kocht sehr gut. Ereignis: Das Essen brennt an.

b) Anna spielt im Tennisverein. Ereignis: Sie gewinnt gegen Nina, die schlecht Tennis spielt.

c) In einer Wetterapp am Handy wird für einen bestimmten Tag starker Regen angezeigt. Ereignis: Carmen wird nicht nass.

B Relative Häufigkeit

- Um die Wahrscheinlichkeit des Eintretens eines Ereignisses abzuschätzen, kann die relative Häufigkeit des Ereignisses verwendet werden.

> *Xaver spielt gerne Onlinespiele. Ein bestimmtes Spiel hat er bereits 100-mal gespielt und dabei bei 40 Spielen gewonnen.*
>
> *Die Wahrscheinlichkeit, dass Xaver beim nächsten Spiel einen Gewinn erzielt, kann mit dem Quotienten*
>
> $$\frac{\text{Anzahl der Versuche, bei denen das Ereignis eintritt}}{\text{Gesamtzahl der durchgeführten Versuche}}$$
>
> *angenähert werden. D.h., die Wahrscheinlichkeit, dass Xaver gewinnt, ist etwa*
>
> $$\frac{40}{100} = 40\% = 0,4.$$

- Die Wahrscheinlichkeit für das Eintreten eines Ereignisses kann als **Bruch**, **Dezimalmalzahl** oder in **Prozent** angegeben werden.

- Betrachtet man das logische Gegenteil eines Ereignisses, wird dieses Ereignis als **Gegenereignis** bezeichnet.

> *Ein sechsseitiger Würfel wird einmal geworfen.*
>
> ***Ereignis:*** *Es erscheint eine Augenzahl, die mindestens 3 ist (d.h. 3, 4, 5 oder 6)*
>
> ***Gegenereignis:*** *es erscheint eine Augenzahl, die **nicht mindestens** 3, d.h. höchstens zwei ist (1 oder 2).*

- Das Eintreten eines Ereignisses ergibt zusammen mit dem Gegenereignis ein sicheres Ereignis.

> *„Ereignis + Gegenereignis = sicheres Ereignis"*

> *Ein achtseitiger Würfel wird einmal geworfen.*
>
> ***Ereignis:*** *Es erscheint eine Augenzahl über fünf → {6, 7, 8}*
>
> ***Gegenereignis:*** *Es erscheint eine Augenzahl, die höchstens fünf ist → {1, 2, 3, 4, 5}*
>
> *Die beiden Mengen zusammen ergeben {1, 2, 3, 4, 5, 6, 7, 8}*
> *→ sicheres Ereignis!*

- Für die Berechnung der Wahrscheinlichkeit des Gegenereignisses („Gegenwahrscheinlichkeit") gilt:

> Wahrscheinlichkeit des Gegenereignisses
>
> =
>
> 1 – Wahrscheinlichkeit des Ereignisses

178 Anneliese gewinnt bei 200 Onlinespielen nur 50 Spiele.

a) Mit zirka welcher Wahrscheinlichkeit wird Anneliese das nächste Spiel gewinnen?

_____

b) Drücke die Wahrscheinlichkeit, mit der Anneliese das nächste Spiel verlieren wird, durch eine Gegenwahrscheinlichkeit aus und berechne diese Wahrscheinlichkeit.

_____

179 Eine Münze wird geworden. Dabei tritt „Kopf" mit der absoluten Häufigkeit 164 auf und „Zahl" tritt mit einer absoluten Häufigkeit von 136 auf.

a) Wie oft wurde die Münze geworfen?

b) Schätze anhand der Ergebnisse die Wahrscheinlichkeiten, dass „Kopf" bzw. „Zahl" bei einem Wurf auftreten.

180 In einer Großstadt wurden in einem Jahr 9 348 weibliche Babys und 9 808 männliche Babys geboren.

a) Wie viele Geburten gab es in der Stadt in diesem Jahr insgesamt?

b) Schätze anhand der Angabe die Wahrscheinlichkeiten, dass (1) ein weibliches Baby (2) ein männliches Baby geboren wird.

181 Ein sechsseitiger Würfel wird geworfen. Wie oft dabei jede der Augenzahlen auftritt, ist in der Tabelle gegeben.

Augenzahl	1	2	3	4	5	6
Absolute Häufigkeit	29	34	29	32	34	42

a) Wie oft wurde der Würfel geworfen?

b) Schätze anhand der Tabelle die Wahrscheinlichkeit, dass (1) die Augenzahl 1 (2) die Augenzahl 5 gewürfelt wird.

c) Schätze anhand der Tabelle die Wahrscheinlichkeit, dass eine Augenzahl über 4 gewürfelt wird.

d) Schätze anhand der Tabelle die Wahrscheinlichkeit, dass höchstens die Augenzahl 2 gewürfelt wird.

e) Drücke die Wahrscheinlichkeit, dass mindestens die Augenzahl 3 gewürfelt wird, mit einer Gegenwahrscheinlichkeit aus und berechne diese Wahrscheinlichkeit.

C **Laplace-Versuche/Wahrscheinlichkeiten berechnen**

■ Zufallsversuche, bei denen **alle möglichen Ergebnisse** mit der **gleichen Wahrscheinlichkeit** auftreten, heißen **Laplace-Versuche**.
(Benannt wurden sie nach dem französischen Mathematiker, Physiker und Astronomen Pierre-Simon Laplace, 1749–1827.)

> *Laplace-Versuche:*
> - *das Werfen einer Münze*
> - *das Werfen eines achtseitigen Würfels*
> - *das Ziehen einer Kugel beim Lotto „6 aus 45"*

■ Bei Laplace-Versuchen ist es nicht nötig, die Wahrscheinlichkeiten für das Eintreten bestimmter Ereignisse durch relative Häufigkeiten abzuschätzen. Es gilt:

> $$Wahrscheinlichkeit = \frac{Anzahl\ der\ für\ das\ Ereignis\ günstiger\ Ergebnisse}{Anzahl\ aller\ möglichen\ Ergebnisse}$$

> *Ein zwölfseitiger Würfel wird einmal geworfen. Bestimme die Wahrscheinlichkeit, dass die Augenzahl höchstens 3 ist.*
>
> *Die Ergebnismenge ist* $\Omega = \{1, 2, 3, 4, 5, 6, 7, 8, 9, 10, 11, 12\}$
> *Die Anzahl der* **möglichen Ergebnisse** *ist 12.*
>
> *Die Ereignismenge ist* $E = \{1, 2, 3\}$
> *Die Anzahl der für E* **günstigen Ergebnisse** *ist 3.*
>
> *Die Wahrscheinlichkeit für das Ereignis* $= \frac{3}{12} = \frac{1}{4} = 0{,}25 = 25\%$

stock.adobe.com/MissPic

182 Ein sechsseitiger Würfel wird einmal geworfen. Gib die Ergebnismenge Ω sowie
✱ die entsprechende Ereignismenge an und berechne die Wahrscheinlichkeit für
das Eintreten des Ereignisses.

a) Die Augenzahl ist 4. _____

b) Die Augenzahl ist 2 oder höher. _____

c) Die Augenzahl ist höchstens 5. _____

d) Die Augenzahl ist durch zwei teilbar. _____

e) Die Augenzahl ist ein Vielfaches von drei. _____

183 Eine Münze („Kopf" oder „Zahl") wird einmal geworfen. Gib die Ergebnismenge
✱ Ω sowie die entsprechende Ereignismenge an und berechne die
Wahrscheinlichkeit für das Eintreten des Ereignisses.

a) Es wird „Kopf" geworfen.

b) Es wird „Zahl" geworfen.

184 Bei einer Lottoziehung wird aus 45 Kugeln, die mit 1 bis 45 beschriftet sind,
✱ zufällig die erste Kugel gezogen.
✱ **a)** Begründe, warum es sich bei der Lottoziehung um einen Laplace-Versuch handelt.

b) Wie groß ist die Wahrscheinlichkeit, dass die erste gezogene Kugel mit der Zahl
(1) 45, (2) 4, (3) 17 beschriftet ist.

c) Wie groß ist die Wahrscheinlichkeit, dass die Zahl auf der Kugel höchstens 13 ist.

d) Wie groß ist die Wahrscheinlichkeit, dass die Zahl auf der Kugel über 40 ist.

e) Wie groß ist die Wahrscheinlichkeit, dass die Zahl auf der Kugel durch zehn teilbar ist.

185 Ein zwölfseitiger Würfel wird einmal geworfen.
✱ **a)** Begründe, warum es sich beim Werfen dieses Würfels um einen Laplace-Versuch handelt.
✱ **b)** Berechne die Wahrscheinlichkeit, dass die Augenzahl gerade ist.

c) Berechne die Wahrscheinlichkeit, dass die Augenzahl ungerade ist.

d) Berechne die Wahrscheinlichkeit, dass die Augenzahl keine Primzahl ist.

e) Berechne die Wahrscheinlichkeit, dass die Augenzahl ein Vielfaches von fünf ist.

186 In einer Schachtel befinden sich 3 weiße, 5 schwarze und 2 rote Kugeln, die sich bis
✱ auf die Farbe nicht voneinander unterscheiden. Camilla zieht zufällig eine Kugel.
✱ **a)** Begründe, warum es sich beim Ziehen der Kugel um einen Laplace-Versuch handelt.

b) Wie groß ist die Wahrscheinlichkeit, dass die Kugel rot ist?

c) Wie groß ist die Wahrscheinlichkeit, dass die Kugel nicht schwarz ist?

D Baumdiagramme / zweistufige Zufallsversuche

- Ein Baumdiagramm besteht aus **zwei** (oder auch mehr) **Stufen**, die verschiedene Ereignisse darstellen.

- Die relativen Häufigkeiten der Merkmale bzw. Wahrscheinlichkeiten für die Ereignisse werden bei den entsprechenden **Ästen** des Baumdiagramms eingetragen.

- Die **Summe** der relativen Häufigkeiten bzw. Wahrscheinlichkeiten bei einem Knotenpunkt (= Punkt, von dem mindestens zwei Äste weggehen) ergibt **immer 1**.

In einer Klasse gibt es 40% Schülerinnen und 60% Schüler. $\frac{1}{3}$ der Schülerinnen und $\frac{1}{5}$ der Schüler tragen eine Brille.

a) Darstellung des Sachverhalts in einem Baumdiagramm:

In der **ersten Stufe** werden die Merkmale „Schülerin" oder „Schüler", in der **zweiten Stufe** die Merkmale „trägt eine Brille" oder „trägt keine Brille" dargestellt.

Die relativen Häufigkeiten der Merkmale werden bei den entsprechenden Ästen dazugeschrieben.

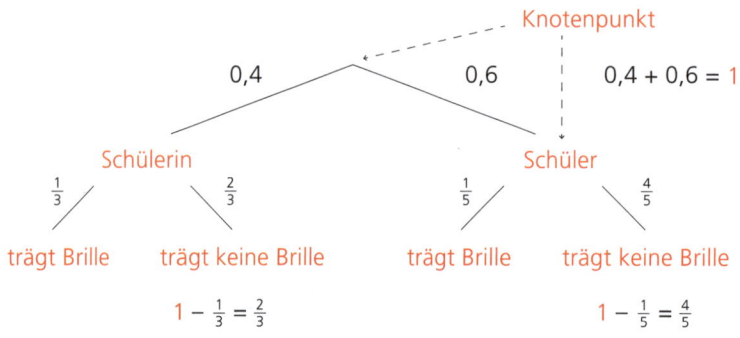

b) Da $\frac{1}{3}$ **von** den 40% Schülerinnen eine Brille tragen, ist die relative Häufigkeit der Brillenträgerinnen in der ganzen Klasse $\frac{1}{3} \cdot 0{,}4 = \frac{2}{15} \approx 0{,}133$, d.h. rund 13,3%.

c) Die relative Häufigkeit **aller** Jugendlichen in der ganzen Klasse (**Schülerinnen UND Schüler** zusammen), die keine Brille tragen, ist $0{,}4 \cdot \frac{2}{3} + 0{,}6 \cdot \frac{4}{5} = \frac{56}{75} \approx 0{,}747$.

Das heißt, rund **74,7%** aller Jugendlichen in der Klasse tragen keine Brille.

- Die relativen Häufigkeiten bzw. Wahrscheinlichkeiten **entlang eines Pfades** werden **multipliziert**.

- Die **Produkte** der relativen Häufigkeiten bzw. Wahrscheinlichkeiten entlang **einzelner Pfade** werden je nach Aufgabenstellung **addiert**.

In einer Schachtel befinden sich 3 rote und 2 schwarze Kugeln, die sich bis auf die Farbe nicht unterscheiden. Mia zieht zweimal eine Kugel, wobei sie die erste gezogene Kugel nicht wieder zurücklegt.

a) Veranschaulichung des Zufallsversuchs durch ein Baumdiagramm:

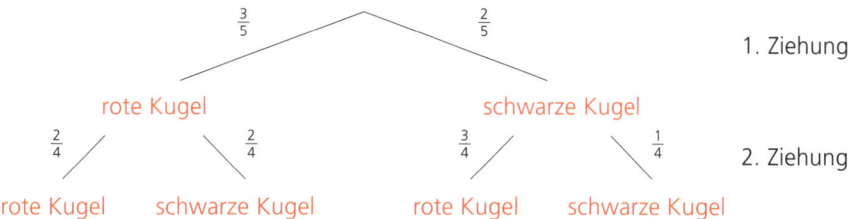

Die Wahrscheinlichkeiten für das Ziehen einer bestimmten Farbe werden nach der Laplace'schen Wahrscheinlichkeitsdefinition bestimmt.

Da die erste Kugel nicht zurückgelegt wird, ändert sich beim zweiten Zug die Anzahl der günstigen und möglichen Ergebnisse.

b) Die Wahrscheinlichkeit, dass zweimal eine rote Kugel gezogen wird,

ist $\frac{3}{5} \cdot \frac{2}{4} = \frac{3}{10} = 0,3 = 30\%$.

c) Für die Wahrscheinlichkeit, dass eine rote und eine schwarze Kugel (**in beliebiger Reihenfolge**) gezogen werden, werden die Produkte der Wahrscheinlichkeiten entlang der beiden entsprechenden Pfade addiert:

$$\frac{3}{5} \cdot \frac{2}{4} + \frac{2}{5} \cdot \frac{3}{4} = \frac{3}{5} = 0,6 = 60\%$$

 **187** In einer Klasse gibt es 70% Schülerinnen und 30% Schüler. $\frac{2}{3}$ der Schülerinnen und $\frac{3}{5}$ der Schüler besitzen zumindest ein Haustier.

✱

a) Ergänze das Baumdiagramm mit den relativen Häufigkeiten.

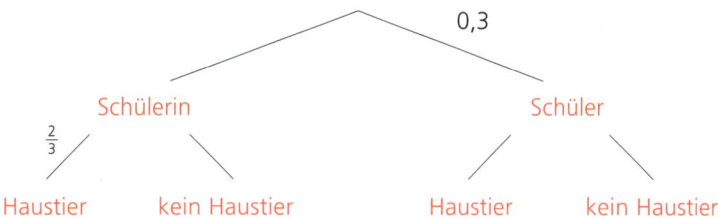

b) Bestimme die relative Häufigkeit der Jugendlichen in der Klasse, die Schülerinnen mit zumindest einem Haustier sind.

c) Bestimme die relative Häufigkeit der Jugendlichen in der Klasse, die Schüler mit keinem Haustier sind.

d) Bestimme die relative Häufigkeit der Jugendlichen (Schüler und Schülerinnen) in der Klasse, die zumindest ein Haustier besitzen.

 **188** In einer Klasse gibt es Schülerinnen und Schüler. $\frac{3}{4}$ der Jugendlichen sind Schülerinnen. Von den Schülerinnen verbringen $\frac{2}{5}$ die Sommerferien in Österreich, die anderen im Ausland. $\frac{1}{8}$ der Schüler bleiben in den Sommerferien im Inland.

a) Ergänze das Baumdiagramm mit den relativen Häufigkeiten.

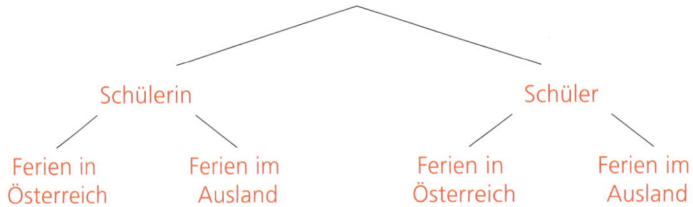

b) Wie viel Prozent der Jugendlichen in dieser Klasse verbringen die Sommerferien in Österreich?

c) Wie viel Prozent der Jugendlichen in dieser Klasse sind Schüler, die ihre Sommerferien im Ausland verbringen?

d) Deute den Ausdruck $\frac{3}{4} \cdot \frac{2}{5}$ im gegebenen Sachzusammenhang.

 **189** In einer Schachtel befinden sich 4 rote und 6 schwarze Kugeln, die sich bis auf die Farbe nicht unterscheiden. Thomas zieht zweimal eine Kugel, wobei er die erste gezogene Kugel nicht wieder zurücklegt.

a) Ergänze das Baumdiagramm mit den entsprechenden Wahrscheinlichkeiten für das Ziehen einer Kugel mit einer bestimmten Farbe.

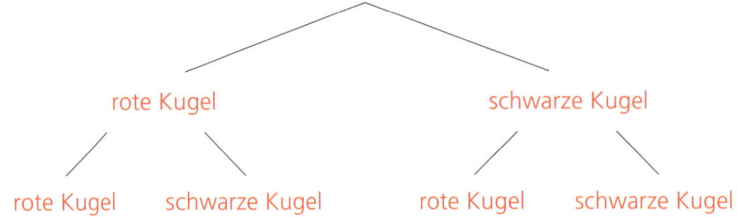

b) Bestimme die Wahrscheinlichkeit, zwei rote Kugeln zu ziehen.

c) Bestimme die Wahrscheinlichkeit, zwei schwarze Kugeln zu ziehen.

d) Bestimme die Wahrscheinlichkeit, zuerst eine schwarze und dann eine rote Kugel zu ziehen.

e) Deute den Ausdruck $\frac{4}{10} \cdot \frac{6}{9} + \frac{6}{10} \cdot \frac{4}{9}$ im gegebenen Sachzusammenhang.

 **190** Ein sechsseitiger Würfel wird zweimal geworfen.

a) Erstelle ein Baumdiagramm für die Ereignisse E_1: Es erscheint die Augenzahl 6 und E_2: Es erscheint nicht die Augenzahl 6 (*d.h.*, es erscheint die Augenzahl 1, 2, 3, 4 oder 5)

b) Berechne die Wahrscheinlichkeit, dass zweimal nicht die Augenzahl 6 gewürfelt wird.

c) Berechne die Wahrscheinlichkeit, dass einmal die Augenzahl 6 gewürfelt wird.

 **TEST**

Online-Test
Finde heraus, ob du das Thema dieses Kapitels schon drauf hast. Einfach QR-Code scannen und los geht's!

Funktionen

A Wertetabelle / Graf einer Funktion

- Zwischen zwei Größen besteht oft ein Zusammenhang. Der Luftdruck hängt zum Beispiel von der Höhe ab, in der man sich befindet.

- Wird jedem Wert einer Größe **eindeutig** ein Wert einer anderen Größe zugeordnet, spricht man von einer **Funktion**.

- Funktionen können in **Worten** oder in einer **Wertetabelle** dargestellt werden.

An einem Ort wird der Uhrzeit die gerade herrschende Temperatur in °C zugeordnet.

Uhrzeit	6:00	8:00	10:00	12:00	14:00	16:00	18:00	20:00
Temperatur	7	8	11	17	20	16	13	9

- Die so entstehenden Wertepaare lassen sich als **Punkte** in ein Koordinatensystem einzeichnen. Es entsteht ein (Punkte-)**Graf** der Funktion.

- Um die zeitliche Entwicklung besser zu veranschaulichen, verbindet man die Punkte oft mit geraden Linien. Es entsteht ein **Liniendiagramm**.
  Beachte: Die auf den Verbindungslinien liegenden Punkte sind **Näherungswerte**!

Punktegraf und Liniendiagramm für das obige Beispiel:

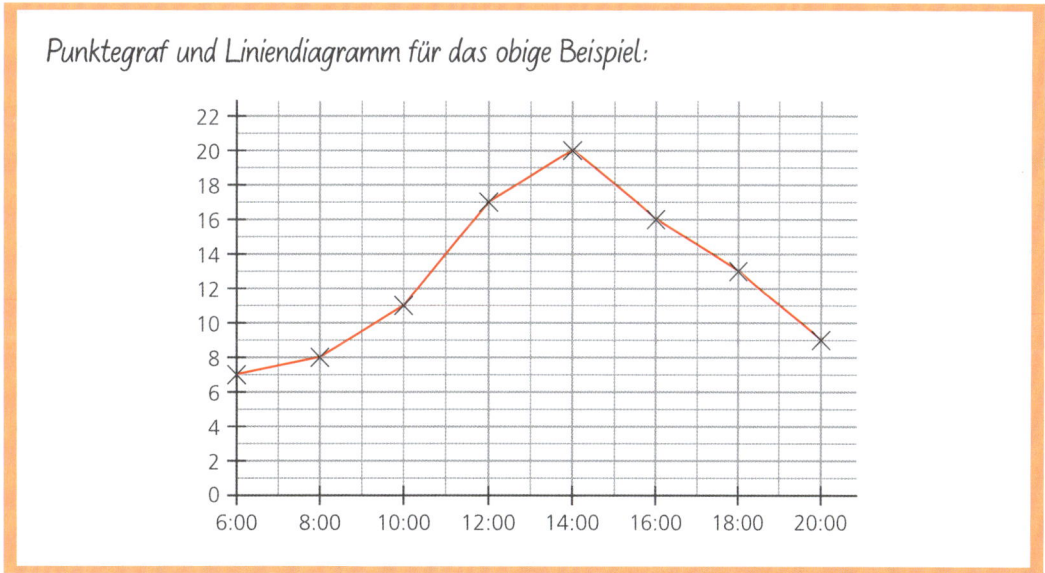

- Aus dem Grafen der Funktion können in **zwei Richtungen Informationen** abgelesen werden:

1. Welche Temperatur herrscht (ungefähr) um 15 Uhr?
   Man geht von der Zeit-Achse bei 15:00 Uhr senkrecht nach oben bis zur Verbindungslinie. Dann waagrecht bis zur Temperatur-Achse. Dort liest man die Temperatur von ca. 18°C ab.

2. Ungefähr um wie viel Uhr hat es 14°C?
   Man geht von Temperatur-Achse bei 14°C waagrecht bis zum Grafen und sieht, dass man das erste Mal um ca. 11:00 Uhr und das zweite Mal um ca. 17:30 Uhr senkrecht nach unten zur Zeit-Achse gehen kann.

191 Der Graf zeigt die Umsätze (in Euro) eines Geschäfts in einer Woche. Kreuze an, ob die Aussage richtig oder falsch ist.

✱

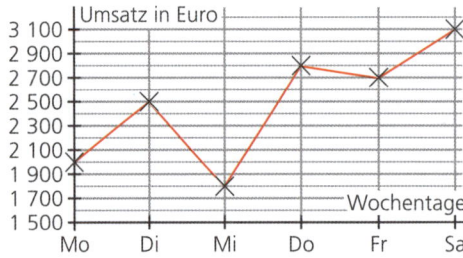

	richtig	falsch
Der Samstag ist der umsatzstärkste Wochentag.	☐	☐
Der Montag ist der umsatzschwächste Wochentag.	☐	☐
Am Mittwoch beträgt der Umsatz 1 800 €.	☐	☐
An zwei Wochentagen ist der Umsatz 2 500 €	☐	☐
In der zweiten Wochenhälfte (Do bis Sa) beträgt der Gesamtumsatz 8 600 €.	☐	☐

192 Der Graf zeigt den Zusammenhang zwischen der Uhrzeit und der Temperatur an einem bestimmten Ort. Beantworte die Fragen.

✱

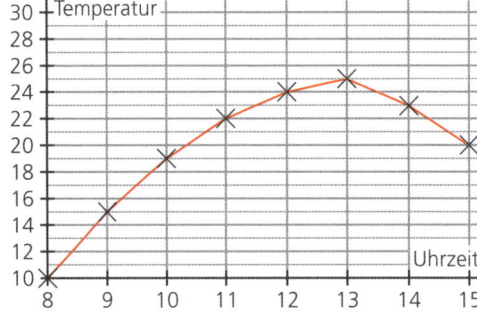

a) In welcher Zeitspanne steigt die Temperatur und wann ist diese am höchsten?
b) Wie hoch ist die Temperatur um 9:30 Uhr bzw. wann beträgt die Temperatur 20°C?

193 Zeichne ein Liniendiagramm für die durchschnittlichen monatlichen
✳ Temperaturen (in °C) an einem bestimmten Ort.
✳

Jän.	Feb.	März	Apr.	Mai	Juni	Juli	Aug.	Sep.	Okt.	Nov.	Dez.
2	6	5	9	11	15	16	18	17	9	7	4

▪ Der Graf einer Funktion kann nicht nur aus einzelnen voneinander unabhängigen
Punkten bestehen, sondern auch eine glatte **durchgezeichnete Kurve** sein.

▪ Die Größe, der eine andere zugeordnet wird, heißt **unabhängige Variable**
(**Argument, Stelle**).
Die zugeordnete Größe wird als **abhängige Variable (Funktionswert)** bezeichnet.

> *a) Jedem Monat wird eine Durchschnittstemperatur zugeordnet.*
>
> *Monate* → *unabhängige Variable*
> *Temperatur* → *abhängige Variable*
>
> *b) Jedem Wochentag wird ein bestimmter Tagesumsatz zugeordnet.*
>
> *Wochentag* → *unabhängige Variable*
> *Umsatz* → *abhängige Variable*

194 Gib die unabhängige und die abhängige Variable an.
✳ **a)** Einer Uhrzeit wird eine Temperatur zugeordnet.
b) Einer Geschwindigkeit wird die für eine Strecke benötigte Fahrzeit zugeordnet.
c) Die Stromstärke wird größer, wenn die Spannung erhöht wird.
d) Je länger die Fahrzeit, desto länger ist der zurückgelegte Weg.

195 Gegeben sind Grafen von Zuordnungen. Kreuze die Funktionsgrafen an.
✳ (Beachte: die Zuordnung muss eindeutig sein!)

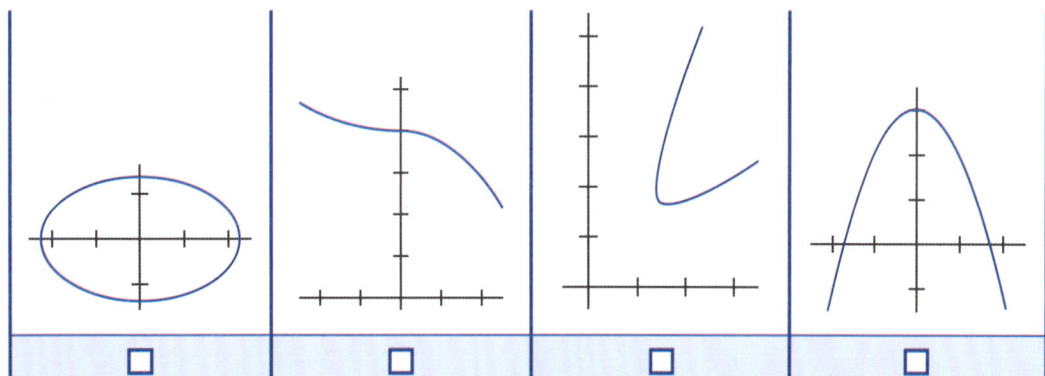

196 Der Graf zeigt den Bremsweg eines Autos (in m) bei einer bestimmten Geschwindigkeit (in km/h). Kreuze an, ob die Aussage richtig oder falsch ist.

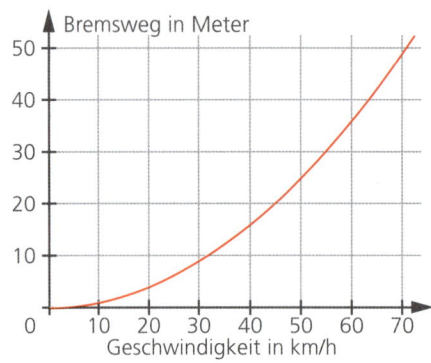

	richtig	falsch
Mit zunehmender Geschwindigkeit vergrößert sich der Bremsweg.	☐	☐
Bei 30 km/h ist der Bremsweg über zehn Meter.	☐	☐
Bei 50 km/h ist der Bremsweg zwischen 30 und 40 m.	☐	☐
Mit einem Bremsweg von rund 25 m muss man bei einer Geschwindigkeit von 50 km/h rechnen.	☐	☐
Bei 70 km/h ist der Bremsweg knapp unter 50 m.	☐	☐

197 In ein Gefäß wird gleichmäßig Wasser gefüllt. Die Höhe des Wasserpegels wird als Füllhöhe bezeichnet und ändert sich mit der Zeit. Die Füllhöhe hängt also von der Zeit ab und lässt sich als „Füllkurve" grafisch darstellen. Füllkurven sehen je nach Art des Gefäßes unterschiedlich aus. Ordne jeder Füllkurve das passende Gefäß zu.

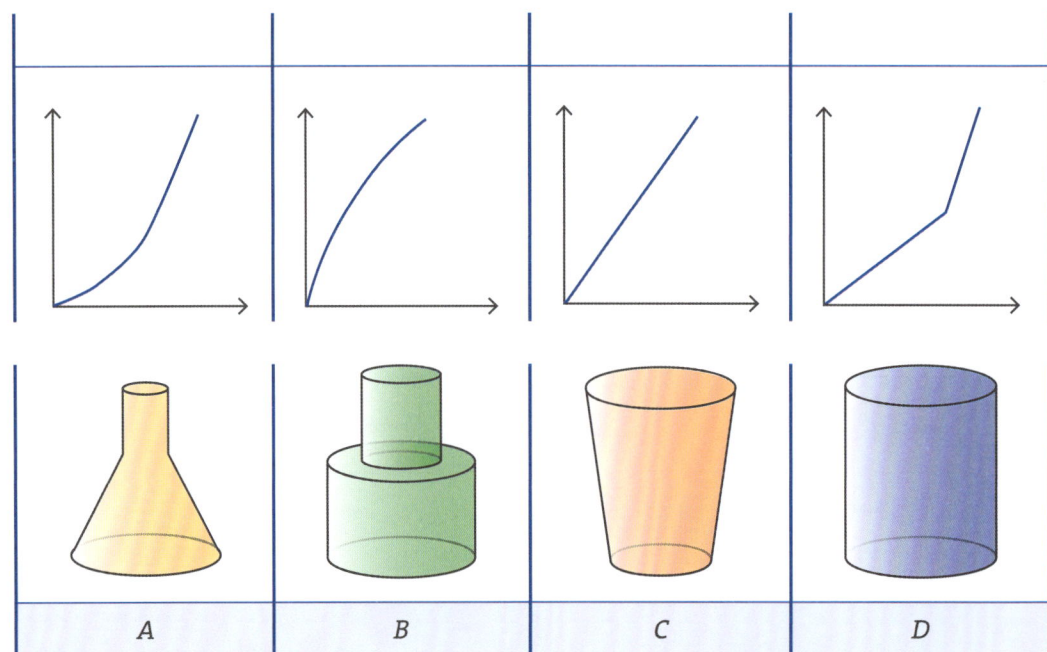

B Funktionsgleichungen

- Unter einer Funktionsgleichung versteht man die **formelhafte Darstellung** einer Funktion.

> Das Volumen V eines Würfels hängt von der Kantenlänge a ab. Es gilt die Formel $V = a^3$.
>
> Um die Abhängigkeit des Volumens von der Kantenlänge noch besser zum Ausdruck zu bringen, schreibt man:
>
> $$V(a) = a^3$$
>
> (sprich: „V (abhängig) von a")
>
> Dieser Ausdruck wird als Funktionsgleichung bezeichnet.

- a ist die **unabhängige**, V die **abhängige** Variable.

> Setzt man für a im **Funktionsterm** a^3 verschiedene passende Werte ein, kann man die Wertetabelle aufstellen und den Funktionsgrafen zeichnen.
>
>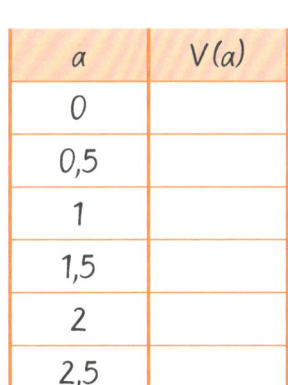
>
> | a | $V(a)$ |
> |-----|--------|
> | 0 | |
> | 0,5 | |
> | 1 | |
> | 1,5 | |
> | 2 | |
> | 2,5 | |
>
>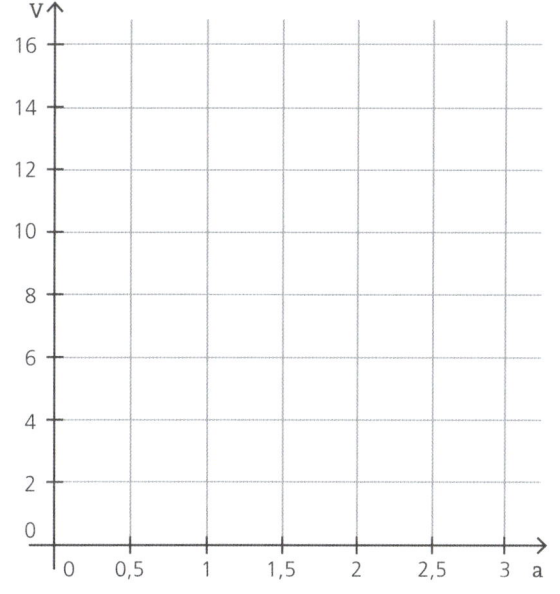

- Die einzelnen Wertepaare (Punkte) im Beispiel dürfen zu einer **glatten Kurve** verbunden werden. Jeder beliebige Zwischenwert kann berechnet werden.

- Eine glatte Kurve stellt die Zwischenwerte sehr genau dar.

198 Der Flächeninhalt A eines Quadrats hängt von der Seitenlänge a ab.

✳ **a)** Gib die Funktionsgleichung für $A(a)$ an.

b) Stelle eine Wertetabelle im Intervall 0 cm bis 6 cm auf.

c) Zeichne den Funktionsgrafen (1 cm $\hat{=}$ 5 cm²).

199 Die Funktionsgleichung $s(t) = 70 \cdot t$ beschreibt den zurückgelegten Weg eines Autos in Kilometern nach t Stunden.

✳ **a)** Stelle eine Wertetabelle für den nach 1, 2, 3, 4, 5 und 6 Stunden zurückgelegten Weg auf.

b) Zeichne den Funktionsgrafen (1 cm $\hat{=}$ 100 km).

c) Benenne die unabhängige und die abhängige Variable.

200 Der Bremsweg s eines Autos (in m) hängt von der gefahrenen Geschwindigkeit v (in km/h) ab und lässt sich durch die Funktionsgleichung $s(v) = \dfrac{v^2}{100}$ beschreiben.

✳ **a)** Stelle eine Wertetabelle für den Bremsweg bei 0, 20, 40, 60, 80 und 100 km/h auf.

b) Zeichne den Funktionsgrafen (1 cm $\hat{=}$ 20 m).

201 Der Wert y (auch $f(x)$) der Funktion hängt von der Variablen x ab. Stelle im Intervall –3 bis 3 eine Wertetabelle auf und ordne den Funktionen den passenden Grafen zu.

✳
✳

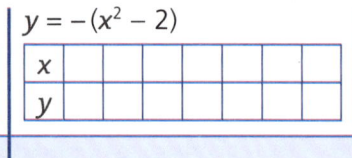

$y = x - 2$							
x							
y							

$y = 0{,}5x^2 - 3$							
x							
y							

$y = -(x^2 - 2)$							
x							
y							

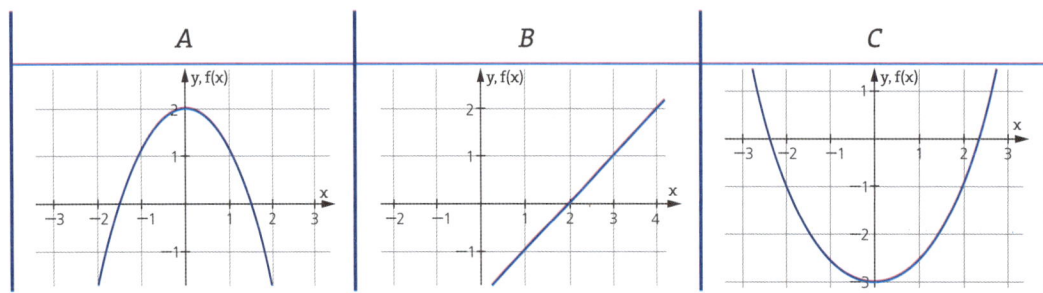

A   B   C

Üben

C Lineare Funktionen

- Funktionsgleichungen, in denen die unabhängige Variable höchstens mit **Hochzahl eins** auftritt, heißen lineare Funktionen.

- Der Graf einer linearen Funktion ist eine **Gerade**.

Stelle eine Wertetabelle im Intervall von – 2 bis 2 auf und ordne jedem Grafen die entsprechende Funktionsgleichung zu.

x	$f_1(x) = x$	$f_2(x) = 1{,}5x$	$f_3(x) = -2x$
– 2			
– 1			
0			
1			
2			

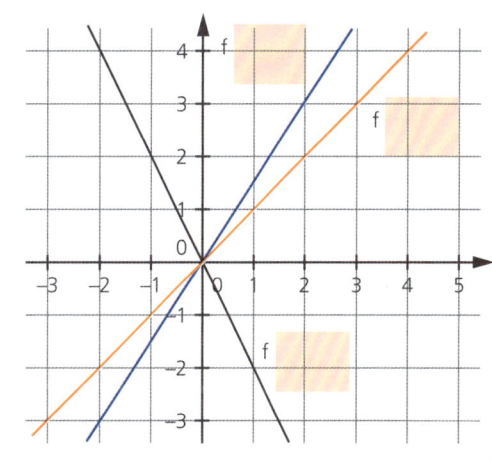

- Lineare Funktionen, deren Grafen durch den Nullpunkt verlaufen, heißen **homogen**.

- Grafen von Funktionen betrachtet man immer **von links nach rechts**.

- Die Grafen linearer Funktionen können **steigend** oder **fallend** sein.

Kreuze an, ob die obigen Funktionen steigend oder fallend sind.

	steigend	fallend
f_1	☐	☐
f_2	☐	☐
f_3	☐	☐

Wissen

- Hat die Vorzahl (der Koeffizient) bei der unabhängigen Variablen *x* ein **positives** Vorzeichen, ist die Gerade **steigend**. Ist die Vorzahl **negativ**, **fallend**.

- Ist die Vorzahl null, ist der Graf **identisch** mit der **waagrechten Achse**.

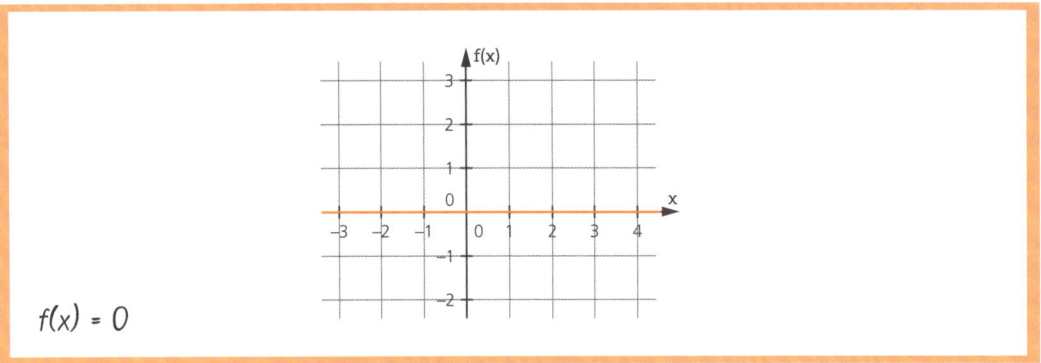

$f(x) = 0$

- Den Koeffizienten nennt man **Steigung** der Geraden.

202 Gib die Steigung an. Kreuze an, ob die Funktion steigend oder fallend ist.
✳

	Steigung	steigend	fallend
$f(x) = -3x$	☐	☐	☐
$y = 0{,}5x$	☐	☐	☐
$y = -0{,}5x$	☐	☐	☐
$f(x) = -x$	☐	☐	☐
$f(x) = x$	☐	☐	☐

203 Gegeben ist die homogene lineare Funktion *f* mit $f(x) = 3x$.
✳
a) Erstelle eine Wertetabelle im Intervall von -1 bis 3 mit der Schrittweite eins.
b) Berechne $f(0) - f(-1)$, $f(1) - f(0)$, $f(2) - f(1)$, $f(3) - f(2)$ und vergleiche die Differenzen mit der Steigung von *f*.

TIPP

Unterscheiden sich die *x*-Werte um **eins**, unterscheiden sich die **Funktionswerte** um die **Steigung**.

204 Bestimme die Steigung der homogenen linearen Funktion, die durch die
✳ gegebenen Punkte verläuft.

a) $A = (3|6)$, $B = (4|10)$ **b)** $A = (-4|4)$, $B = (-3|1)$ **c)** $A = (10|-5)$, $B = (11|2)$

    Steigung: _____   Steigung: _____   Steigung: _____

Stelle eine Wertetabelle im Intervall von − 2 bis 2 auf und ordne den Grafen die entsprechende Funktionsgleichung zu.

x	$f_1(x) = x + 2$	$f_2(x) = 1{,}5x − 1$	$f_3(x) = − 2x + 4$
− 2			
− 1			
0			
1			
2			

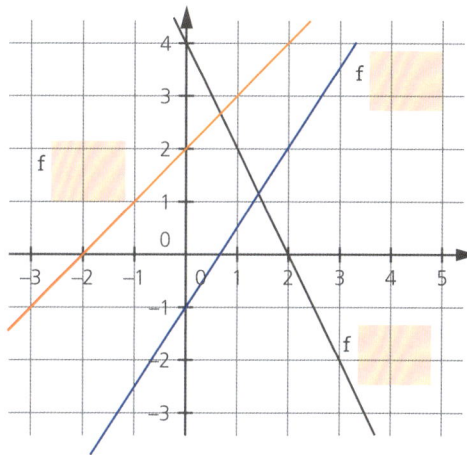

Schnittpunkte mit der y-Achse:

f_1 ... (0 | _____) f_2 ... (0 | _____) f_3 ... (0 | _____)

- Lineare Funktionen, deren Grafen **nicht durch den Nullpunkt** verlaufen, heißen **inhomogen**.

REGEL

Allgemeine **Gleichung einer linearen Funktion**:

$$y = k \cdot x + d$$

k ... Steigung
d ... Abstand vom Nullpunkt zum Schnittpunkt mit der y-Achse
$(0|d)$ ... Schnittpunkt mit der y-Achse

Wissen

- Mit Hilfe der Steigung k und des Punkts $(0|d)$ lässt sich der Graf einer linearen Funktion schnell zeichnen:

  1. $(0|d)$ auf der y-Achse einzeichnen.
  2. Von $(0|d)$ eine Einheit nach rechts gehen und senkrecht nach oben ($k > 0$) oder senkrecht nach unten ($k < 0$) die Steigung auftragen.
  Man erhält einen zweiten Punkt P auf dem Grafen.
  3. $(0|d)$ und P verbinden und verlängern.

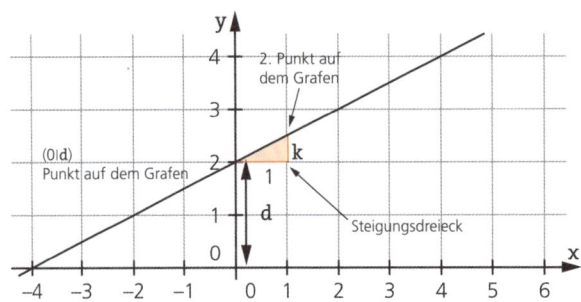

- Ist die Steigung als Bruch gegeben, geht man so viele Einheiten, wie der **Nenner** angibt, nach **rechts** und so viele Einheiten, wie der **Zähler** angibt, nach **oben** (Zähler > 0) bzw. nach **unten** (Zähler < 0).

205 Kreuze an, ob die lineare Funktion homogen oder inhomogen bzw. steigend oder fallend ist. Gib die Koordinaten des Schnittpunkts mit der y-Achse an.

	homogen	inhomogen	steigend	fallend	$(0|d)$
$x = 2x - 3$	☐	☐	☐	☐	
$y = x$	☐	☐	☐	☐	
$y = -1{,}2x + 4$	☐	☐	☐	☐	
$f(x) = -0{,}02x$	☐	☐	☐	☐	

206 Zeichne den Grafen der linearen Funktion mit Hilfe des Steigungsdreiecks.

a) $y = x - 2$　　　　　　　　**d)** $f(x) = \frac{1}{2}x - 1$

b) $y = -3x$　　　　　　　　　**e)** $f(x) = -\frac{2}{3}x + 2$

c) $y = -x + 3$　　　　　　　　**f)** $f(x) = \frac{3}{5}x - 3$

207 Die Gleichungen linearer Funktionen können in die Form
$a \cdot x + b \cdot y = c$ ($a, b, c \in \mathbb{R}$) gebracht werden. Stelle die Funktionsgleichung in dieser Art dar.

a) $y = 4x + 5$　　　**b)** $y = -5x - 2$　　　**c)** $y = -\frac{4}{7}x - 1$　　　**d)** $y = \frac{1}{10}x$

D Lineare Gleichungen mit zwei Variablen

- Eine Gleichung der Art $a \cdot x + b \cdot y = c$ mit a, b, $c \in \mathbb{R}$ heißt **lineare Gleichung** mit den Variablen x und y.

- Viele Aufgabenstellungen führen zu linearen Gleichungen mit zwei Variablen.

> *Das Dreifache einer reellen Zahl wird um das Doppelte einer anderen reellen Zahl vermehrt. Die Summe ist 6.*
>
> *Welche Zahlen erfüllen diese Bedingung? Schreibe in der Sprache der Mathematik an:*
>
> 1. *Zahl … x*   2. *Zahl … y*   → $3x + 2y = 6$
>
> *Jedes Zahlenpaar $(x \mid y)$, das die Gleichung erfüllt, heißt **Lösung** der Gleichung.*
>
> *Zum Beispiel: $(-2 \mid 6)$ oder $(4 \mid -3)$, da $3 \cdot (-2) + 2 \cdot 6 = 6$ bzw.*
> $3 \cdot 4 + 2 \cdot (-3) = 6$ *gilt.*
>
> *Es gibt **unendlich** viele Zahlenpaare $(x \mid y)$, die in der **Lösungsmenge** L zusammen-gefasst werden!*
>
> *Dazu drückt man aus der Gleichung y aus:*
>
> $$3x + 2y = 6 \qquad \mid -3x$$
> $$2y = -3x + 6 \qquad \mid : 2$$
> $$y = -\frac{3}{2}x + 3$$
>
> *Für die Lösungsmenge gilt:* $L = \{(x \mid y) \mid y = -\frac{3}{2}x + 3 \text{ mit } x, y \in \mathbb{R}\}$

- Die Lösungsmenge einer linearen Gleichung mit zwei Variablen besteht aus allen Zahlenpaaren $(x \mid y)$, die die Gleichung erfüllen.

- Die **Lösungsmenge** einer linearen Gleichung mit zwei Variablen kann **grafisch** dargestellt werden.

> Die Gleichung $y = -\frac{3}{2}x + 3$ hat die Form $y = k \cdot x + d$ und kann als **lineare Funktion** gedeutet werden.
>
>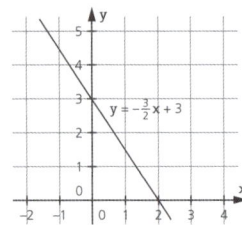

- Jede lineare Gleichung der Form $a \cdot x + b \cdot y = c$ ($a, b, c \in \mathbb{R}$) kann auf die Form $y = k \cdot x + d$ ($k, d \in \mathbb{R}$) gebracht und als Gerade dargestellt werden.

208 Stelle die lineare Gleichung in der Form $y = k \cdot x + d$ dar.

✳ **a)** $3x + y = -4$ **b)** $-6x + 2y = 1$ **c)** $x - 3y = 9$ **d)** $5x - 2y = -10$

209 Kreuze die Zahlenpaare an, die eine Lösung der linearen Gleichung $2x - 3y = 7$
✳ sind.

$(3\,|-2)$	$(0,5\,|-2)$	$(0\,|\,1,5)$	$(3,5\,|\,0)$	$(-1\,|\,2)$
☐	☐	☐	☐	☐

210 Schreibe die Lösungsmenge L für die lineare Gleichung an.

✳ **a)** $-2x + y = -1$ $L =$ _____

✳ **b)** $x + 2y = 12$ $L =$ _____

c) $-3x - 2y = 6$ $L =$ _____

211 Stelle die Lösungsmengen aus Beispiel 207 grafisch dar.
✳
✳

212 Schreibe den Text als lineare Gleichung mit zwei Variablen an. Bestimme die
✳ Lösungsmenge L.
✳ **a)** Die Summe aus dem Doppelten einer Zahl und der Hälfte einer anderen Zahl ist 10.
✳ **b)** Die Differenz von zwei verschiedenen reellen Zahlen ist 5.
c) Das Dreifache einer Zahl ist um 7 kleiner als das Doppelte einer anderen Zahl.

E Lineare Gleichungssysteme / Grafisches Lösen

- **Zwei lineare Gleichungen** mit zwei Variablen kann man zu einem **linearen Gleichungssystem** zusammenfassen.

- Die Zahlenpaare $(x\,|\,y)$, die **beide** Gleichungen erfüllen, heißen **Lösungen** des Gleichungssystems.

Werden zwei reelle Zahlen addiert, ist die Summe 6. Werden dieselben reellen Zahlen subtrahiert, ist die Differenz 2.

Welche Zahlen erfüllen diese Bedingungen?

1. Zahl ... x 2. Zahl ... y → $x + y = 6$ und $x - y = 2$

Die beiden Gleichungen bilden ein **Gleichungssystem**:

$$I:\ x + y = 6$$
$$II:\ x - y = 2$$

1. Zeichne die beiden **Geraden**, die zu I und II gehören, in ein Koordinatensystem.
2. Die Koordinaten des **Schnittpunkts** der Geraden erfüllen I und II und bilden daher die **Lösung** des Systems.

$I: x + y = 6$ → $y = -x + 6$ $II: x - y = 2$ → $y = x - 2$

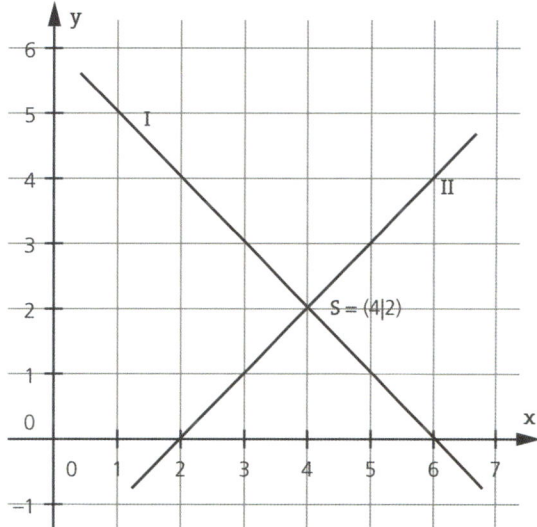

Die gesuchten Zahlen sind $x = 4$ und $y = 2$.
Probe: I: $4 + 2 = 6$ ✓   II: $4 - 2 = 2$ ✓
$(4\,|\,2)$ ist die Lösung des Systems.

213 Gegeben ist das lineare Gleichungssystem:

$$\text{I:}\quad x + 2y = 4$$
$$\text{II:}\quad x - y = 1$$

a) Bringe die Gleichungen in die Form $y = k \cdot x + d$

b) Zeichne die zugehörigen Geraden in ein Koordinatensystem und lies die Koordinaten des Schnittpunkts S ab.

c) Zeige, dass die Koordinaten von S die Gleichungen I und II erfüllen.

 214 Löse das Gleichungssystem grafisch.

a) I: $x + 2y = 4$ **d)** I: $3x + y = 3$

    II: $2x + y = -1$ II: $x + 2y = -4$

b) I: $3x + y = 4$ **e)** I: $x - y = -3$

    II: $2x - y = 1$ II: $x + 4y = -8$

c) I: $x + 2y = 8$ **f)** I: $x + 2y = 6$

    II: $3x - 4y = 4$ II: $3x + y = -2$

215 Schreibe den Text als lineares Gleichungssystem an und bestimme grafisch die Lösung.

a) Vermehrt man eine Zahl x um das Doppelte einer Zahl y, ist die Summe acht. Die Differenz der Zahlen x und y ist zwei. Bestimme die beiden Zahlen.

I: _____

II: _____ $x = $ _____ $y = $ _____

b) Das Doppelte der Zahl y ist um vier größer als die Zahl x. Das Doppelte der Zahl x ist um eins größer als die Zahl y. Bestimme die beiden Zahlen.

I: _____

II: _____ $x = $ _____ $y = $ _____

c) Die Summe von zwei Zahlen ist 2, die Differenz der beiden Zahlen ist −10. Bestimme die beiden Zahlen.

I: _____

II: _____ $x = $ _____ $y = $ _____

Üben

Besondere Lösungsfälle

- Beim Lösen eines linearen Gleichungssystems mit zwei Variablen können spezielle Lösungsfälle auftreten.

- Das Gleichungssystem kann **unendlich viele Lösungen** besitzen:

I: $2x + 3y = -9$ → $y = \frac{2}{3}x + 3$

II: $-4x + 6y = 18$ → $y = \frac{2}{3}x + 3$

Die Funktionsgleichungen der zugehörigen linearen Funktionen sind gleich und stellen daher dieselbe Gerade dar:

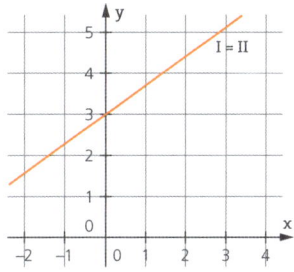

*Die Koordinaten **jedes** Punktes auf der Geraden erfüllen die Gleichungen I und II. Es gibt daher **unendlich viele Lösungen**.*

$$L = \{(x\,|\,y)\,|\,y = \frac{2}{3} \cdot x + 3 \text{ mit } x, y \in \mathbb{R}\}$$

- Das Gleichungssystem kann **keine Lösung** besitzen:

I: $x + 4y = 16$ → $y = -\frac{1}{4}x + 4$

II: $-0,5x - 2y = -4$ → $y = -\frac{1}{4}x + 2$

Die beiden Geraden haben dieselbe Steigung $k = -\frac{1}{4}$, schneiden aber die y-Achse in unterschiedlichen Punkten $(0\,|\,4)$ und $(0\,|\,2)$.

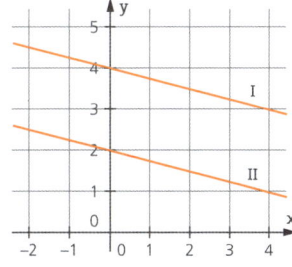

*Die Geraden sind **parallel**. Sie haben daher keine gemeinsamen Punkte.*

$$L = \{\ \}$$

Wissen

216 Ordne dem Gleichungssystem die entsprechende grafische Darstellung zu und kreuze an, ob es keine Lösung oder unendlich viele Lösungen besitzt.

I: $-x + 2y = 4$ II: $x - 2y = -4$		I: $2y = x + 4$ II: $-x + 2y = 2$		I: $x + y = 2$ II: $y = 3 - x$		I: $2x + 3y = 6$ II: $-x - 1{,}5y = -3$	
keine	unendl. viele	keine	unendl. viele	keine	unendl. viele	keine	unendl. viele
☐	☐	☐	☐	☐	☐	☐	☐

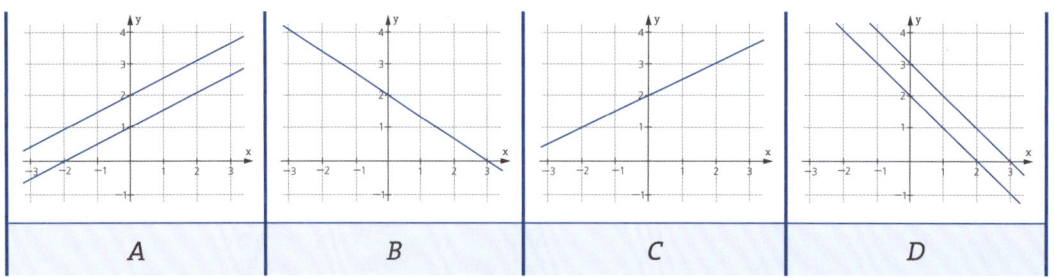

A	B	C	D

217 Zeige anhand einer Zeichnung, dass das Gleichungssystem unendlich viele Lösungen besitzt.

a) I: $x + y = 2$

II: $-2x - 2y = -4$

b) I: $-x - y = 1$

II: $x + y = -1$

c) I: $2x + y = 8$

II: $x + \frac{y}{2} = 4$

218 Zeige anhand einer Zeichnung, dass das Gleichungssystem keine Lösung besitzt.

a) I: $3x - y = 5$

II: $3x - y = 6$

b) I: $-2x + y = -4$

II: $x - 0{,}5y = -2$

c) I: $x + 2y = 0$

II: $-0{,}5x - y = 1$

219 Bringe jede Gleichung des Gleichungssystems in die Form $y = k \cdot x + d$ und begründe damit ohne Zeichnung, welcher Lösungsfall vorliegt.

a) I: $-2x + 3y = 9$

II: $x - 1{,}5y = 1{,}5$

b) I: $x + 2y = 2$

II: $-0{,}5x - y = -1$

c) I: $5x + 3y = -3$

II: $x - 3y = 15$

Üben

F Rechnerisches Lösen linearer Gleichungssysteme

Substitutionsverfahren (Einsetzungsverfahren)

Aus einer der beiden Gleichungen wird eine Variable ausgedrückt und in die andere Gleichung eingesetzt:

I: $-x + y = -2$
II: $x + 3y = 6$

Aus I wird z.B. y ausgedrückt $\quad y = x - 2$
und in II eingesetzt: $\quad x + 3 \cdot (x - 2) = 6$

Gleichung lösen: $\quad x + 3x - 6 = 6 \quad | + 6$
$\qquad\qquad\qquad\qquad 4x = 12 \quad | : 4$
$\qquad\qquad\qquad\qquad\quad x = 3$

$x = 3$ in $y = x - 2$ einsetzen: $\quad y = 3 - 2$
$\qquad\qquad\qquad\qquad\qquad\qquad\quad y = 1$

Lösung: $x = 3$, $y = 1$

 220 Löse das Gleichungssystem wie vorgegeben mit dem Substitutionsverfahren.

✳ **a)** Drücke aus II x aus.

I: $-x + 2y = -2$

II: $x + 5y = 9$

b) Drücke aus II y aus:

I: $2x + 3y = 7$

II: $3x - y = 5$

c) Drücke aus I y aus:

I: $3x + y = 9$

II: $-2x - 3y = 1$

 221 Löse mit Hilfe des Substitutionsverfahrens. Wähle eine Variable aus.

✳ **a)** I: $2x - y = 1$ **b)** I: $-x - 2y = 3$ **c)** I: $-3x + y = -19$
✳
     II: $-4x - y = 7$ II: $-2x - y = 3$ II: $x - 9y = -11$

Komparationsverfahren (Gleichsetzungsverfahren)

Aus beiden Gleichungen wird dieselbe Variable bzw. dasselbe Vielfache der Variable ausgedrückt. Dann setzt man die Terme gleich:

> I: $x + y = 7$
>
> II: $x - y = 3$
>
> Aus I und II wird z.B. x ausgedrückt: $x = 7 - y$ $x = 3 + y$
>
> Die Terme setzte man gleich und $7 - y = 3 + y$ $| + y | - 3$
> löst die Gleichung: $4 = 2y$ $| : 2$
>
> $2 = y$
>
> $y = 2$ in z.B. $x = 7 - y$ einsetzen: $x = 7 - 2$
>
> $x = 5$
>
> Lösung: $x = 5$, $y = 2$

 222 Löse das Gleichungssystem wie vorgegeben mit dem Komparationsverfahren.

a) Drücke x aus I und II aus:

I: $-x + 3y = -6$

II: $x + y = 2$

b) Drücke y aus I und II aus:

I: $x - y = 1$

II: $-2x + y = 1$

c) Drücke 2y aus I und II aus:

I: $3x + 2y = 0$

II: $x + 2y = 4$

d) Drücke 5y aus I und II aus:

I: $-x + 5y = -15$

II: $4x + 5y = 10$

 223 Löse mit Hilfe des Komparationsverfahrens. Wähle eine Variable aus.

a) I: $-3x + y = -4$

II: $2x + y = 1$

b) I: $x + 5y = -15$

II: $x + y = 1$

c) I: $-2x + 5y = -15$

II: $3x + 5y = 10$

d) I: $-x + 2y = 4$

II: $-5x + 2y = -28$

110   © VERITAS Verlag Linz. – Durchstarten Mathematik 4. Klasse Mittelschule/AHS. Lernhilfe

Eliminationsverfahren (Additionsverfahren)

Durch geschicktes Multiplizieren und anschließendes Addieren der beiden Gleichungen eliminiert man eine der beiden Variablen:

1. Multipliziere I und / oder II so, dass bei einer Variable die Vorzahlen *Gegenzahlen* sind. (Hinweis: Gegenzahlen unterscheiden sich nur durch das Vorzeichen)

   I: $-x + 4y = -12$ $| \cdot 3$

   II: $3x + 2y = 8$

2. Die beiden Gleichungen werden addiert (es bleibt nur mehr eine Variable über). Die verbleibende Gleichung wird gelöst.

   I: $-3x + 12y = -36$

   II: $3x + 2y = 8$ $+$

   ――――――――――

   $14y = -28$ $| : 14$

   $y = -2$

3. Den erhaltenen Variablenwert setzt man in I oder II ein und berechnet den Wert der anderen Variable.

   Zum Beispiel setzt man in I ein: $-x + 4 \cdot (-2) = -12$

   $-x - 8 = -12$ $| +8$

   $-x = -4$ $| : (-1)$

   $x = 4$

   Lösung: $x = 4$, $y = -2$

 224 Löse das Gleichungssystem wie vorgegeben mit Hilfe des Eliminationsverfahrens.

✳
✳

a) Eliminiere y:

   I: $7x + 6y = -24$

   II: $x - 2y = -12$

b) Eliminiere x:

   I: $x + y = -8$

   II: $x + 2y = -10$

c) Eliminiere y:

   I: $11x - 10y = -60$

   II: $4x - 5y = -15$

225 Löse das Gleichungssystem mit Hilfe des Eliminationsverfahrens.

✳
✳
✳

a) I: $x + 2y = 3$

II: $4x + 5y = 6$

e) I: $-5x + 2y = -3$

II: $x + 3y = 4$

b) I: $-7x + 3y = -9$

II: $x - 4y = -13$

f) I: $-2x + y = -2$

II: $2x - 5y = -14$

c) I: $-7x + 6y = -18$

II: $x - 8y = -26$

g) I: $-3x - 2y = 11$

II: $-3x + y = 8$

d) I: $-3x + 8y = -29$

II: $3x + 8y = 13$

h) I: $-5x - 2y = 13$

II: $-x + y = 4$

G Textaufgaben mit linearen Gleichungssystemen lösen

- Lineare Gleichungssysteme können in verschiedenen Kontexten verpackt sein.

  1. Lies den Text sorgfältig durch und lege die **Bedeutung der Variablen** fest.

  2. Übertrage den Text in die Sprache der Mathematik und **stelle** das **Gleichungssystem auf**.

  3. **Löse** das Gleichungssystem.

  4. Überprüfe, ob die Lösung zur Aufgabenstellung passt. (**Probe**)

  5. Schreibe einen **Antwortsatz**.

Die Summe aus dem Vierfachen einer Zahl und dem Elffachen einer anderen Zahl ist 88. Subtrahiert man vom Siebenfachen der ersten Zahl das Elffache der zweiten, erhält man 33.
Bestimme die beiden Zahlen.

1. Zahl … x   2. Zahl … y → *(Bedeutung der Variablen)*

I: $4x + 11y = 88$ (Aufstellen und Lösen des Gleichungssystems)

II: $7x - 11y = 33$ +

$$11x = 121 \quad | : 11$$
$$x = 11$$

I: $4 \cdot 11 + 11y = 88$
$$44 + 11y = 88 \quad | - 44$$
$$11y = 44 \quad | : 11$$
$$y = 4$$

$4 \cdot 11 + 11 \cdot 4 = 88$ ✓ *(Überprüfung anhand des Textes)*
$7 \cdot 11 - 11 \cdot 4 = 33$ ✓

Die Zahlen lauten 11 und 4. *(Antwortsatz)*

Löse die folgenden Textbeispiele durch Ansetzen und Lösen eines linearen Gleichungssystems mit zwei Variablen.

226 Subtrahiert man vom Siebenfachen einer Zahl x das Fünffache einer anderen Zahl y, erhält man 13. Subtrahiert man von x das Sechsfache von y, ist die Differenz – 14. Berechne die beiden Zahlen.

✱

227 In einem Stall werden Hasen und Hühner gehalten. Insgesamt sind es 35 Tiere, die zusammen 94 Füße haben. Berechne, wie viele Hasen und Hühner im Stall sind.

✱
✱

228 Bei einem Konzert werden Karten zu 80 € und 90 € verkauft, insgesamt 770 Karten. Berechne, wie viele Karten in jeder Preisklasse verkauft werden, wenn insgesamt 64 800 € eingenommen werden.

✱
✱

229 Um 9 Uhr fährt ein Radfahrer mit einer mittleren Geschwindigkeit von 16 km/h von A nach B. Eine halbe Stunde später folgt ihm ein Motorradfahrer mit durchschnittlich 36 km/h. Um wie viel Uhr und in welcher Entfernung von A holt der Motorradfahrer den Radfahrer ein?

✱
✱
✱

230 Wie viel Liter 20%igen Alkohol und wie viel Liter 30%igen Alkohol muss man mischen, um 50 Liter 27%igen Alkohol zu erhalten?

✱
✱
✱

231 Berechne, wie viel Liter Wasser und 80%igen Weingeist man mischen muss, um 70 Liter 75%igen Weingeist zu erhalten.

✱
✱
✱

© VERITAS Verlag Linz. – Durchstarten Mathematik 4. Klasse Mittelschule/AHS. Lernhilfe

H Direkte Proportionalität

Gehört zum Doppelten der ersten Größe das Doppelte der zweiten Größe oder zum Drittel der ersten Größe das Drittel der zweiten usw., stehen die beiden Größen in einem **direkt proportionalen Zusammenhang**.

*Ein Auto legt in einer Stunde 50 km zurück. Die **Zeit** (in Stunden) und der **Weg** (in km) sind zueinander **direkt proportional**:*

Der doppelten (dreifachen usw.) Zeit entspricht der doppelte (dreifache usw.) Weg.

Zeit	Weg
0	0
1	50
2	100
3	150
4	200
5	250

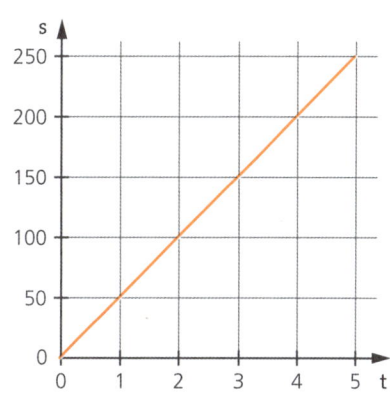

Der Weg s hängt von der Zeit t. Es gibt einen homogenen linearen Zusammenhang:

$$s(t) = 50 \cdot t \qquad (Weg = Geschwindigkeit \; mal \; Zeit)$$

REGEL

Sind zwei Größen y und x zueinander direkt proportional, gilt:

$$y = k \cdot x \qquad bzw. \qquad \frac{y}{x} = k$$

k heißt **Proportionalitätsfaktor**.

232
✱
Gib den Proportionalitätsfaktor k an und begründe damit, dass die beiden Größen in einem direkt proportionalen Zusammenhang stehen.

a)

Menge (kg)	Preis (€)
1	3
2	6
3	9

b)

Zeit (h)	Weg (km)
1	40
2	80
3	120

c)

Seitenlänge des Quadrats (cm)	Umfang (cm)
3	12
5	20
7	28

233 Kreuze die Grafen an, die einen direkt proportionalen Zusammenhang zwischen zwei Größen darstellen.

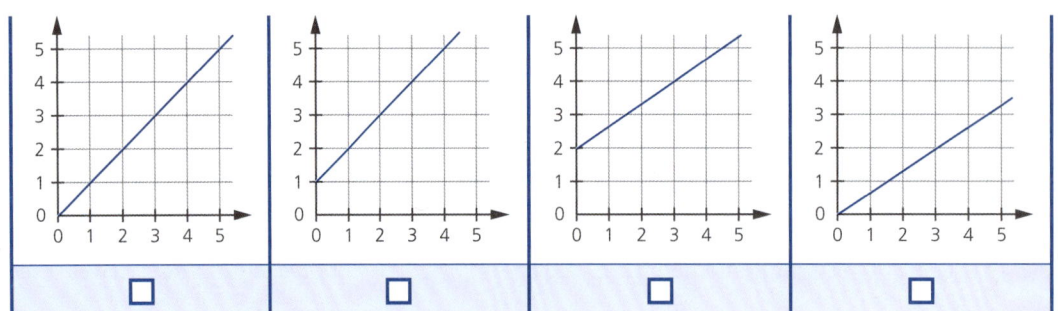

☐   ☐   ☐   ☐

234 Kreuze die Funktionsgleichungen an, die einen direkt proportionalen Zusammenhang zwischen den beiden Größen beschreiben.

$y = 0,5 \cdot x$	$w = 5 \cdot r + 1$	$E = \frac{2}{3} \cdot v$	$F = 10 \cdot b$	$A = 3 \cdot b - 1$
☐	☐	☐	☐	☐

235 Eine Feder wird mit einem Gewicht (gemessen in Newton N) belastet und verlängert sich. Die Verlängerung (gemessen in cm) ist für verschiedene Belastungen in der Tabelle angegeben.

N	2	5	6	9
cm	2,4	6	7,2	10,8

a) Begründe, dass das Gewicht und die Verlängerung in einem direkt proportionalen Zusammenhang stehen.

b) Stelle die zugehörige Funktionsgleichung auf.

236 Begründe, dass die beiden Größen in einem direkt proportionalen Zusammenhang stehen.

a) Ein Arbeiter erhält für 35 Stunden einen Lohn von 315 €.

b) Auf drei Hektar Land bringt ein Bauer 450 kg Saatgut aus.

c) Ein Auto verbraucht auf 100 km im Mittel 6 Liter Treibstoff.

© VERITAS Verlag Linz. – Durchstarten Mathematik 4. Klasse Mittelschule/AHS. Lernhilfe

I Indirekte Proportionalität

Gehört zum Doppelten der ersten Größe die Hälfte der zweiten Größe oder zum Drittel der ersten Größe das Dreifache der zweiten usw., stehen die beiden Größen in einem **indirekt proportionalen Zusammenhang**.

Ein Arbeiter braucht zur Fertigstellung einer Arbeit zehn Stunden.

*Die Anzahl der Arbeiter und die Zeit für die Fertigstellung der Arbeit stehen in einem **indirekt proportionalen Zusammenhang**:*

Der doppelten (dreifachen usw.) Anzahl von Arbeitern entspricht einer Halbierung (Drittelung usw.) der Arbeitszeit.

Arbeiter	Zeit
1	10
2	5
3	3,33
4	2,50
5	2,00
6	1,67

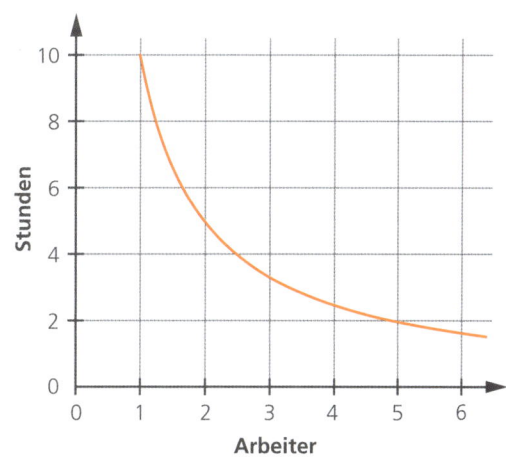

1 Arbeiter ... 10 h   2 Arbeiter ... 10 : 2 = 5 h   usw.

x Arbeiter ... $10 : x = \dfrac{10}{x} h$

Die Funktionsgleichung, die der Anzahl x der Arbeiter die Arbeitszeit y zuordnet, lautet also: $y = \dfrac{10}{x}$

REGEL

Sind zwei Größen y und x zueinander indirekt proportional, gilt:

$$y = \frac{k}{x} \qquad \text{bzw.} \qquad y \cdot x = k$$

k heißt **Proportionalitätsfaktor**.

Wissen

237 Gib den Proportionalitätsfaktor k an und begründe damit, dass die beiden Größen in einem indirekt proportionalen Zusammenhang stehen.

a)

Fahrzeit (h)	Geschwindigkeit (km/h)
1	50
2	25
4	12,5
5	10

b)

Personen, die sich die Kosten teilen (h)	Kosten (€)
1	350
2	175
4	87,5
5	70

c)

x	y
1	5
2	2,5
4	1,25
5	1

238 Kreuze die Funktionsgleichungen an, die einen indirekt proportionalen Zusammenhang zwischen den beiden Größen beschreiben.

$y = \frac{5}{x}$	$R = \frac{1}{s}$	$y = \frac{1}{3} \cdot x$	$u = b : 10$	$A = \frac{100}{B}$
☐	☐	☐	☐	☐

239 In der Grafik ist dargestellt, wie weit ein Fahrzeug bei einem bestimmten Benzinverbrauch auf 100 km kommt.

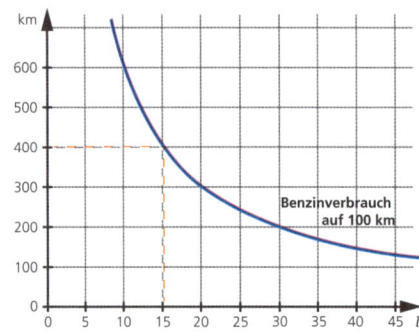

a) Lies aus der Tabelle die Reichweite bei 15 l/100 km, 20 l/100 km und 30 l/100 km ab und begründe, warum es sich um eine indirekte Proportionalität handelt.

b) Bestimme den Proportionalitätsfaktor und gibt die Funktionsgleichung an.

TEST

Online-Test
Finde heraus, ob du das Thema dieses Kapitels schon drauf hast. Einfach QR-Code scannen und los geht's!

Der Kreis

A Umfang und Flächeninhalt des Kreises

- Im Kreis spielt eine **spezielle Zahl**, die mit π **(Pi)** bezeichnet wird, eine besondere Rolle.

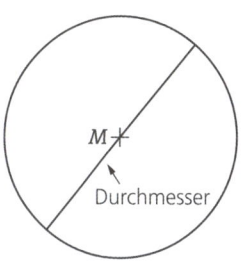

> *Suche zehn kreisrunde Gegenstände oder zeichne einfach mit dem Zirkel beliebige Kreise, nimm einen Faden und miss damit die Umfänge der Kreise ab.*
>
> *Bildet man nun die **Quotienten** von **Umfang und Durchmesser** der Kreise, erhält man Werte, die alle annähernd an der Zahl*
>
> $$3{,}14159\ldots$$
>
> *liegen. Diese Zahl heißt π **(Pi)**.*

- In jedem Kreis ist das Verhältnis von Umfang u und Durchmesser d (= $2 \cdot r$) immer gleich der Kreiszahl π.

REGEL

Umfang des Kreises:

$$\frac{u}{d} = \pi \quad \rightarrow \quad u = d \cdot \pi \quad \text{bzw.} \quad u = 2 \cdot r \cdot \pi$$

- Zur Berechnung des **Flächeninhalts** des Kreises zerlegt man die Kreisfläche in gleich große „Tortenstücke" und legt sie nebeneinander. Es entsteht eine Figur, die einem Rechteck mit der Länge $\frac{u}{2}$ und der Breite r ähnelt.

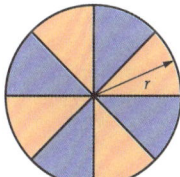 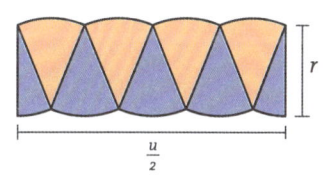

REGEL

Flächeninhalt des Kreises:

$$A = \frac{u}{2} \cdot r = \frac{2 \cdot r \cdot \pi}{2} \cdot r = r^2 \cdot \pi \quad \text{bzw. mit } r = \frac{d}{2}$$

$$A = \frac{d^2 \cdot \pi}{4}$$

Üben

240 Trage in den Text „Infos über die Kreiszahl Pi" die Füllwörter ein.

> Ludolph, Jahre, Dezimalzahl, 35, Archimedes, Näherungswert, Wissenschaftler,
> Mathematiker, Physiker, irrationale, Ludolphsche Zahl

π ist eine _____ mit unendlich vielen, nicht periodischen Stellen,

also eine _____ Zahl. π ist so geheimnisvoll, dass sich schon sehr

viele _____ mit ihr beschäftigt haben. Der griechische Mathematiker

und _____ , _____ (287 bis 212 v. Chr.), fand

schon einen _____ für π . Viele _____ lang

hatte _____ van Ceulen (1540 bis 1610), ein holländischer

_____ , nichts Besseres zu tun, als an π herumzurechnen. Er konnte

_____ Stellen berechnen. Bis ins 19. Jahrhundert wurde deshalb π

auch die _____ genannt.

241 Trage in die Tabelle den Umfang und den Flächeninhalt des Kreises mit dem
Radius *r* bzw. dem Durchmesser *d* ein. Runde auf zwei Nachkommastellen.

		Umfang	Flächeninhalt
a)	$r = 3{,}2$ cm		
b)	$r = 12{,}3$ cm		
c)	$r = 20$ cm		
d)	$d = 31$ cm		
e)	$d = 11{,}5$ cm		
f)	$d = 0{,}9$ cm		

 242 Zeige durch Umformen der Formeln für den Umfang und den Flächeninhalt des
Kreises, dass gilt: $r = \dfrac{u}{2 \cdot \pi}$ bzw $r = \sqrt{\dfrac{A}{\pi}}$.

243 Berechne den Radius und Durchmesser des Kreises mit dem gegebenen Umfang
bzw. Flächeninhalt. Runde auf zwei Nachkommastellen.

		Radius *r*	Durchmesser *d*
a)	$u = 5{,}2$ cm		
b)	$u = 41{,}5$ cm		
c)	$u = 0{,}85$ cm		
d)	$A = 34$ cm^2		
e)	$A = 56{,}2$ cm^2		
f)	$A = 11{,}1$ cm^2		

B Kreisbogen – Kreissektor

- Ein Teil des Kreisumfangs wird als **Kreisbogen** *b* bezeichnet.

- Der Winkel α, den die Radien miteinander einschließen, heißt **Zentriwinkel**.

- Die **Länge des Kreisbogens** *b* hängt vom Zentriwinkel ab:

	Zentriwinkel α	Bogenlänge *b*
ganzer Kreis	360°	$2 \cdot r \cdot \pi$
halber Kreis	180°	$\dfrac{2 \cdot r \cdot \pi}{2} = r \cdot \pi$
Viertelkreis	90°	$\dfrac{2 \cdot r \cdot \pi}{4} = \dfrac{r \cdot \pi}{2}$
Kreisbogen	1°	$\dfrac{2 \cdot r \cdot \pi}{360} = \dfrac{r \cdot \pi}{180}$
Kreisbogen	α°	$\dfrac{r \cdot \pi \cdot \alpha}{180}$

REGEL

Länge des Kreisbogens *b* mit dem Zentriwinkel α: $b = \dfrac{r \cdot \pi \cdot \alpha}{180}$

- Der **Kreissektor** (Kreisausschnitt) wird vom Kreisbogen *b* und zweimal dem Radius *r* begrenzt.

REGEL

Umfang des Kreissektors: $u = 2 \cdot r + b$

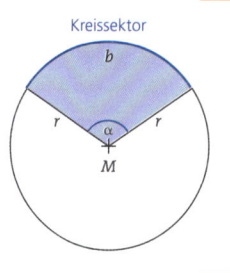

- Der **Flächeninhalt des Kreissektors** ist vom Zentriwinkel α abhängig:

	Zentriwinkel α	Bogenlänge *b*
ganzer Kreis	360°	$r^2 \cdot \pi$
halber Kreis	180°	$\dfrac{r^2 \cdot \pi}{2}$
Viertelkreis	90°	$\dfrac{r^2 \cdot \pi}{4}$
Kreissektor	1°	$\dfrac{r^2 \cdot \pi}{360}$
Kreissektor	α°	$\dfrac{r^2 \cdot \pi \cdot \alpha}{360}$

Wissen

Flächeninhalt des Kreissektors mit dem Zentriwinkel α:

$$A = \frac{r^2 \cdot \pi \cdot \alpha}{360}$$

244 Berechne die Bogenlänge *b*. Runde auf zwei Nachkommastellen.

✳

		Bogenlänge *b*
a)	$r = 11{,}9$ cm, $\alpha = 23°$	
b)	$r = 7{,}4$ cm, $\alpha = 145°$	
c)	$d = 40{,}2$ cm, $\alpha = 220°$	
d)	$d = 58$ cm, $\alpha = 280°$	

245 Berechne den Umfang des Kreissektors. Runde auf zwei Nachkommastellen.

✳

		Umfang *u*
a)	$r = 4{,}3$ cm, $\alpha = 55°$	
b)	$r = 9{,}2$ cm, $\alpha = 135°$	
c)	$d = 20$ cm, $\alpha = 190°$	
d)	$d = 54{,}6$ cm, $\alpha = 300°$	

246 Berechne den Flächeninhalt des Kreissektors. Runde auf zwei
Nachkommastellen.

✳

		Flächeninhalt *A*
a)	$r = 33$ cm, $\alpha = 85°$	
b)	$r = 43{,}2$ cm, $\alpha = 120°$	
c)	$d = 72$ cm, $\alpha = 222°$	
d)	$d = 40$ cm, $\alpha = 275°$	

247 Zeige durch Umformen der Formel für die Bogenlänge *b*, dass gilt: $r = \frac{b \cdot 180}{\alpha \cdot \pi}$.

✳
✳

248 Berechne den Radius des Kreissektors.

✳

Bogenlänge *b*		Radius *r*
a)	$b = 36$ cm, $\alpha = 14°$	
b)	$b = 121$ cm, $\alpha = 175°$	

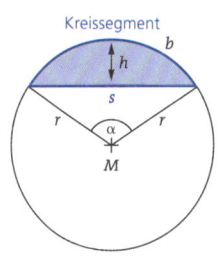

C Kreissegment – Kreisring

- Ein **Kreissegment** (**Kreisabschnitt**) wird durch den **Kreisbogen *b*** und die **Sehne *s*** begrenzt.

- *h* wird als **Höhe des Kreissegments** bezeichnet.

- Die Länge der Sehne kann durch Messen aus einer Zeichnung bestimmt werden.

REGEL

Umfang des Kreissegments:
$$u = b + s$$

Flächeninhalt des Kreissegments:
Flächeninhalt des Kreissektors
minus
Flächeninhalt des gleichschenkligen Dreiecks
(mit der Basis *s* und den Schenkeln *r*)

Besondere Kreissegmente

- Für den Zentriwinkel $\alpha = \mathbf{60°}$ ist die Sehne *s* genauso lang wie der Radius *r*, da die beiden Radien und *s* ein **gleichseitiges Dreieck** bilden. ($r = s$)

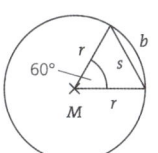

- Für den Zentriwinkel $\alpha = \mathbf{90°}$ kann die Länge der Sehne *s* mit dem Satz von Pythagoras berechnet werden, da *s* (= Hypotenuse) und die beiden Radien (= Katheten) ein **rechtwinkliges Dreieck** bilden.

Es gilt: $s = \sqrt{r^2 + r^2} = \sqrt{2 \cdot r^2} = r \cdot \sqrt{2}$

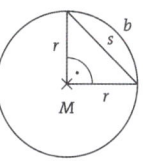

Wissen

Berechne den Umfang und den Flächeninhalt des Kreissegments mit r = 6 cm und $\alpha = 90°$

Bogenlänge berechnen: $b = \dfrac{6 \cdot \pi \cdot 90}{180} = \dfrac{6 \cdot \pi}{2} = 3 \cdot \pi \approx 9{,}42$ cm

Länge der Sehne s berechnen: $s = 6 \cdot \sqrt{2} \approx 8{,}49$ cm

$$u = b + s \approx 17{,}91 \text{ cm}$$

Flächeninhalt des Kreissektors: $A_{Sektor} = \dfrac{6^2 \cdot \pi \cdot 90}{360} \approx 28{,}27 \text{ cm}^2$

Flächeninhalt des rechtwinkligen Dreiecks: $A_{Dreieck} = \dfrac{6^2}{2} = 18 \text{ cm}^2$

$$A_{Segment} = A_{Sektor} - A_{Dreieck} \approx 10{,}27 \text{ cm}^2$$

- Ein **Kreisring** besteht aus zwei konzentrischen Kreisen (Kreisen mit demselben Mittelpunkt). Die Radien r_1 und r_2 der Kreise sind verschieden.

- Der **Flächeninhalt des Kreisrings** ist die Differenz der Flächeninhalte der Kreise mit den Radien r_1 und r_2.

REGEL

$$A = r_2^2 \cdot \pi - r_1^2 \cdot \pi = \pi \cdot (r_2^2 - r_1^2)$$

- Der **Umfang des Kreisrings** ist die Summe der Umfänge der Kreise mit den Radien r_1 und r_1.

REGEL

$$u = 2 \cdot \pi \cdot r_1 + 2 \cdot \pi \cdot r_2 = 2 \cdot \pi \cdot (r_1 + r_2)$$

249 Berechne den Umfang und den Flächeninhalt des Kreissegments mit dem Zentriwinkel 90° und dem Radius r.

* *

a) $r = 9{,}2$ cm   **b)** $r = 15{,}8$ cm   **c)** $r = 29$ cm

250 Berechne den Umfang und den Flächeninhalt des Kreissegments mit dem Zentriwinkel 60° und dem Radius r. (Hinweis: Flächeninhalt des gleichseitigen Dreiecks $A = \frac{r^2 \cdot \sqrt{3}}{4}$).

* *

a) $r = 6{,}6$ cm   **b)** $r = 28{,}1$ cm   **c)** $r = 30{,}4$ cm

251 Berechne den Umfang und den Flächeninhalt des Kreisrings.

*

a) $r_1 = 8$ cm, $r_2 = 12$ cm   **b)** $r_1 = 3{,}4$ cm, $r_2 = 5$ cm   **c)** $r_1 = 3{,}4$ cm, $r_2 = 7$ cm

TEST

Online-Test
Finde heraus, ob du das Thema dieses Kapitels schon drauf hast. Einfach QR-Code scannen und los geht's!

Zylinder und Kegel

A Oberfläche des Zylinders

- Ein **Zylinder** (Drehzylinder) ist ein Körper, der von zwei parallelen Kreisflächen und einer gekrümmten Mantelfläche begrenzt wird.

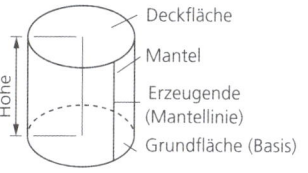

- Das **Netz** des Zylinders erhält man, wenn man Grund-, Deck- und Mantelfläche in der Ebene ausbreitet.

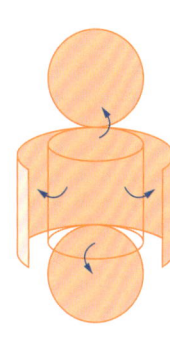

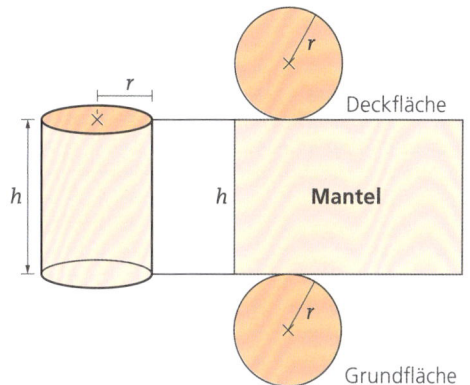

- Der **Mantel** ist ein Rechteck mit den Seitenlängen h und dem Umfang u der Grundfläche. Für den Kreisumfang gilt $u = 2 \cdot r \cdot \pi$.

REGEL

$$\text{Mantelflächeninhalt:} \quad M = u \cdot h = 2 \cdot r \cdot \pi \cdot h$$

- Die **Oberfläche** des Zylinders setzt sich aus den zwei Kreisen und dem Mantel zusammen.

REGEL

$$\text{Oberflächeninhalt:} \quad O = 2 \cdot r^2 \cdot \pi + 2 \cdot r \cdot \pi \cdot h$$

Berechne den Inhalt der Mantelfläche und den Oberflächeninhalt des Zylinders mit h = 12 cm und r = 3 cm. Runde auf zwei Nachkommastellen.

M = 2 · _____ · π · _____ ≈ _____ cm²

O = 2 · _____ · π + 2 · _____ · π · _____ ≈ _____ cm²

Wissen

252 Berechne den Inhalt der Mantelfläche *M* des Zylinders.

		Mantelfläche *M*
a)	$r = 15$ cm, $h = 30$ cm	
b)	$r = 21{,}2$ cm, $h = 5{,}5$ cm	
c)	$d = 8$ cm, $h = 11$ cm	
d)	$d = 14{,}2$ cm, $h = 10$ cm	

253 Berechne den Inhalt der Oberfläche *O* des Zylinders.

		Oberfläche *O*
a)	$r = 40$ cm, $h = 80$ cm	
b)	$r = 59$ cm, $h = 22$ cm	
c)	$d = 50$ cm, $h = 4$ cm	
d)	$d = 22{,}8$ cm, $h = 1$ cm	

254 Drücke aus der Formel für die Berechnung des Mantelflächeninhalts die gesuchte Größe aus.

a) $r =$ _____   **b)** $h =$ _____

255 Berechne die fehlende Größe. Runde auf zwei Nachkommastellen.

a) $M = 140$ cm², $h = 11$ cm $r \approx$ _____

b) $M = 320$ cm², $r = 19{,}5$ cm $h \approx$ _____

256 Zeige durch Umformen der Formel zur Berechnung des Oberflächeninhalts eines Zylinders, dass gilt: $h = \frac{O - 2 \cdot r^2 \cdot \pi}{2 \cdot r \cdot \pi}$.

257 Berechne die Höhe des Zylinders. Runde auf zwei Nachkommastellen.

a) $O = 3450$ cm², $r = 15$ cm   **b)** $O = 8400$ cm², $r = 35$ cm

  $h \approx$ _____ $h \approx$ _____

258 Ein Zylinder hat den Radius *r*. Die Höhe ist doppelt so groß wie der Radius. Kreuze die Formel an, mit der man den Mantelflächeninhalt berechnen kann.

$4 \cdot r \cdot \pi$	$4 \cdot r^3 \cdot \pi$	$4 \cdot r^2 \cdot \pi$	$8 \cdot r^2 \cdot \pi$
☐	☐	☐	☐

B Volumen des Zylinders

- Der Zylinder ist der Spezialfall eines regelmäßigen geraden Prismas:

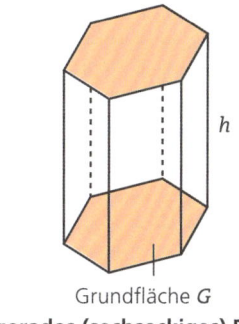

Grundfläche *G*
gerades (sechseckiges) Prisma

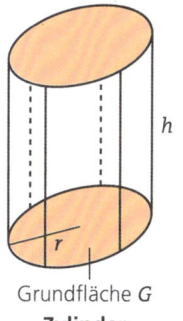

Grundfläche *G*
Zylinder

- Für das Volumen eines Prismas gilt: $V =$ **Grundfläche mal Höhe**

- Die Grundfläche *G* eines Zylinders ist ein Kreis.

REGEL

Volumen des Zylinders:

$$V = G \cdot h = r^2 \cdot \pi \cdot h = \frac{d^2}{4} \cdot \pi \cdot h \quad (r = \frac{d}{2})$$

> *Berechne das Volumen des Zylinders mit dem Grundkreisradius*
> *r = 14 cm und der Höhe h = 33 cm.*
>
> $V = r^2 \cdot \pi \cdot h = 14^2 \cdot \pi \cdot 33 = 6\,468 \cdot \pi \approx 20\,319{,}82$ cm^3

259 Ergänze die Tabelle. Runde auf zwei Nachkommastellen.

✱

r in cm	3	4	20	15
h in cm	5	4	11	30
G in cm²	9π			
V in cm³	45π			
V gerundet	141,37			

260 Berechne das Volumen des Zylinders mit dem Durchmesser *d* des Basiskreises und
✱ der Körperhöhe *h*. Runde auf zwei Nachkommastellen.

a) *d* = 24 cm, *h* = 12 cm   **b)** *d* = 21,4 cm, *h* = 1 cm   **c)** *d* = 80,1 cm, *h* = 10 cm

Üben

261 Wie viele Liter fasst das zylinderförmige Glas? Runde auf zwei Nachkommastellen.

> *Der Radius des Basiskreises ist r = 2,2 cm, die Höhe des Glases ist h = 8 cm.*
> $V = r^2 \cdot \pi \cdot h = 2{,}2^2 \cdot \pi \cdot 8 \approx 121{,}64 \text{ cm}^3$
> *Da 1 dm³ = 1 Liter ist, gilt: 121,64 cm³ = 0,12164 dm³ ≈ 0,12 Liter*

a) $r = 2$ cm, $h = 11$ cm   **b)** $d = 5$ cm, $h = 10$ cm   **c)** $r = 1{,}5$ cm, $h = 15$ cm

262 Eine zylinderförmige Tonne hat den Basiskreisradius $r = 43$ cm und eine Höhe $h = 0{,}9$ m. Berechne das Fassungsvermögen der Tonne in Litern, wenn sie bis zum Rand gefüllt ist. Runde auf zwei Nachkommastellen.

263 Gegeben ist ein Zylinder mit $r = 5$ cm und $h = 10$ cm. Kreuze an, wie sich das Volumen des Zylinders ändert, wenn r verdoppelt wird.

V verdoppelt sich	V verachtfacht sich	V vervierfacht sich	V verdreifacht sich
☐	☐	☐	☐

264 Zeige durch Umformen der Formel für das Volumen eines Zylinders die Gültigkeit der Formel.

a) $r = \sqrt{\dfrac{V}{\pi \cdot h}}$ **b)** $h = \dfrac{V}{r^2 \cdot \pi}$

265 Ergänze die Tabelle.

	a)	b)	c)	d)
Radius	10 cm		42 mm	
Körperhöhe		3,8 m		2,5 dm
Volumen	4 500 cm³	2,5 m³	550 mm³	0,9 dm³

266 Ein Zylinderförmiges Glasgefäß hat die angegebenen Maße. Kreuze die Formel zur Berechnung des Durchmessers (in dm) an.

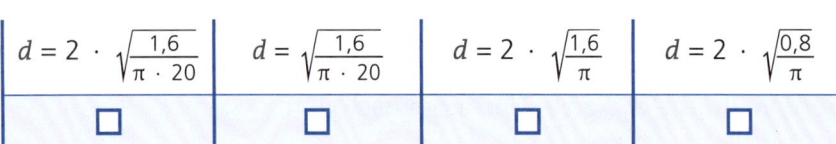

$d = 2 \cdot \sqrt{\dfrac{1{,}6}{\pi \cdot 20}}$	$d = \sqrt{\dfrac{1{,}6}{\pi \cdot 20}}$	$d = 2 \cdot \sqrt{\dfrac{1{,}6}{\pi}}$	$d = 2 \cdot \sqrt{\dfrac{0{,}8}{\pi}}$
☐	☐	☐	☐

C Oberfläche des Kegels

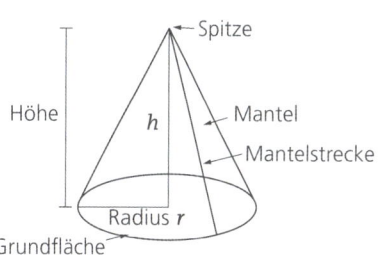

- Ein **Kegel** (Drehkegel) ist ein Körper mit einer Spitze und einem Kreis als Grundfläche.

- Der **Mantel** ist eine gekrümmte Fläche, die zur Spitze des Kegels geht.

- Die Strecke von der Spitze zur Kreislinie wird als **Mantelstrecke** (Mantellinie) s bezeichnet.

- Das **Netz** des Kegels entsteht, wenn alle Begrenzungsflächen in der Ebene ausgebreitet werden. Es setzt sich aus einem **Kreis** (= Grundfläche) und einem **Kreissektor** (= Mantel) zusammen.

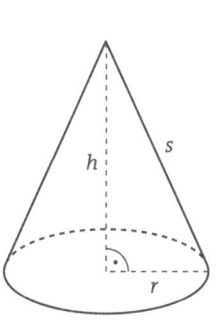

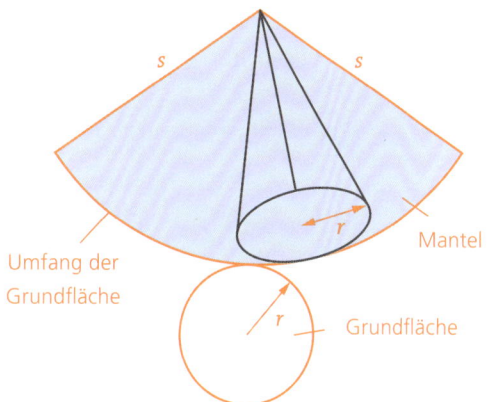

- Für die Bogenlänge gilt $b = \frac{s \cdot \pi \cdot \alpha}{180}$ und für den Flächeninhalt des Kreissektors
$A = \frac{s^2 \cdot \pi \cdot \alpha}{360} = \frac{s \cdot \pi \cdot \alpha}{180} \cdot \frac{s}{2} = b \cdot \frac{s}{2}$.

- Die Bogenlänge b ist der Umfang des Basiskreises: $b = 2 \cdot r \cdot \pi$

REGEL

Mantelflächeninhalt des Kegels:

$$M = 2 \cdot r \cdot \pi \cdot \frac{s}{2} = r \cdot \pi \cdot s$$

- Die Oberfläche des Kegels setzt sich aus der Grundfläche und dem Mantel zusammen.

REGEL

Oberflächeninhalt des Kegels:

$$O = G + M = r^2 \cdot \pi + r \cdot \pi \cdot s$$

Wissen

267 Berechne die Mantellinie *s* und den Mantelflächeninhalt des Kegels. Runde auf zwei Nachkommastellen.

> *Ein Kegel hat den Radius r = 2,1 cm und die Körperhöhe h = 7,2 cm.*
>
> *Die Mantellinie s (Hypotenuse) bildet mit r und h (Katheten) ein rechtwinkliges*
>
> *Dreieck. Daher gilt: $s = \sqrt{r^2 + h^2}$.*
>
> $s = \sqrt{2,1^2 + 7,2^2} = 7,5 \text{ cm, } M = r \cdot \pi \cdot s = 2,1 \cdot \pi \cdot 7,5 \approx 49,48 \text{ cm}^2$

a) *r* = 7,2 cm, *h* = 9,6 cm   **c)** *r* = 4,4 cm, *h* = 11,7 cm

b) *r* = 18 mm, *h* = 80 mm   **d)** *r* = 39 mm, *h* = 52 mm

268 Ein kegelförmiges Turmdach hat den Radius *r* und die Höhe *h*.
Berechne die Dachfläche in m². Runde auf zwei Nachkommastellen.

		Dachfläche
a)	*r* = 18 m, *h* = 24 m	
b)	*r* = 12 m, *h* = 16 m	
c)	*r* = 5 m, *h* = 12 m	
d)	*r* = 9 m, *h* = 12 m	

269 Ein Zelt hat die Form eines Kegels. Es ist 2,4 m hoch und hat den angegebenen Bodendurchmesser *d*. Berechne, wie viel m² Zeltplane man braucht. (ohne Boden) Runde auf zwei Nachkommastellen.

a) *d* = 6,4 m   **b)** *d* = 9 m   **c)** *d* = 3,6 m

270 Berechne den Oberflächeninhalt des Kegels. Runde auf zwei Nachkommastellen.

a) *r* = 12 cm, *h* = 35 cm   **b)** *r* = 12, *h* = 16 cm   **c)** *r* = 10 cm, *h* = 24 cm

271 Wie ändert sich der Inhalt der Mantelfläche *M*, wenn *r* und *s* verdoppelt werden? Kreuze an.

M verdoppelt sich	*M* vervierfacht sich	*M* wird halb so groß	*M* bleibt gleich
☐	☐	☐	☐

D Volumen des Kegels

- Das Volumen eines Kegels kann als Grenzfall des Volumens einer regelmäßigen geraden Pyramide angesehen werden.

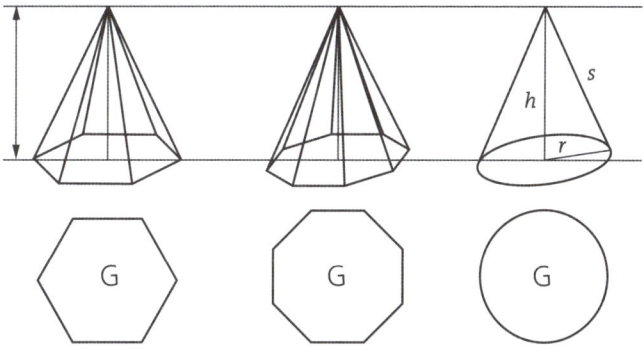

- Für das Volumen der Pyramide gilt: $V = \dfrac{G \cdot h}{3}$
- Die Grundfläche des Kegels ist ein Kreis: $G = r^2 \cdot \pi$.

REGEL

Volumen des Kegels: $V = \dfrac{r^2 \cdot \pi \cdot h}{3}$

Ein Kegel hat den Radius r = 11,2 cm und die Mantellinie s = 21,2 cm. Berechne das Volumen des Kegels.

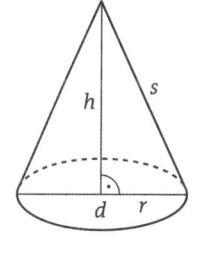

Nach dem Satz des _____ *gilt:*

$h^2 =$ _____ $-$ _____ → $h = \sqrt{\rule{3cm}{0.4pt}}$

$h = \sqrt{21{,}2^2 - \rule{2cm}{0.4pt}} = 18\ cm$

$V = \dfrac{r^2 \cdot \pi \cdot h}{3} = \dfrac{\rule{2cm}{0.4pt}}{3} \approx 2\,364{,}49\ cm^3$

---

272 Ergänze die Tabelle.

r in cm	4	12	12	30
h in cm	9	5	11	20
G in cm²	16π			
V in cm³	48π			

273 Berechne das Volumen des Kegels. Runde auf zwei Nachkommastellen.

✳ **a)** $r = 2,3$ cm, $h = 11$ cm   **c)** $r = 10$ cm, $h = 20$ cm

b) $r = 10,2,$ cm, $h = 21,2$ cm   **d)** $r = 8,4$ cm, $h = 17,2$ cm

274 Wie viel Liter fasst ein kegelförmiger Trichter mit den angegebenen Maßen?
✳ (Hinweis: 1 Liter = 1 dm³) Runde auf zwei Nachkommastellen.

✳ **a)** $r = 9$ cm, $h = 15$ cm   **c)** $d = 40$ cm, $h = 26$ cm

b) $r = 15$ cm, $h = 15$ cm   **d)** $d = 22$ cm, $h = 11$ cm

275 Berechne das Volumen des Kegels. Bestimme zuerst die fehlende Größe.
✳ Runde auf zwei Nachkommastellen.

✳ **a)** $r = 21$ cm, $s = 35$ cm   **c)** $h = 19,5$ cm, $s = 19,7$ cm
✳

b) $r = 2,8$ cm, $s = 10$ cm   **d)** $h = 6$ cm, $s = 6,8$ cm

276 Zeige durch Umformen der Formel für das Kegelvolumen, dass gilt:
✳ Runde auf zwei Nachkommastellen.

✳ **a)** $r = \sqrt{\dfrac{3 \cdot V}{\pi \cdot h}}$ **b)** $h = \dfrac{3 \cdot V}{r^2 \cdot \pi}$
✳

277 Berechne die fehlende Größe des Kegels. Runde auf zwei Nachkommastellen.

	r	h	V
a)		22 cm	70π cm³
b)	11 cm		100π cm³
c)	4 cm	10 cm	
d)		52 cm	230π cm³

E **Gleichseitiger Zylinder / Gleichseitiger Kegel**

- Bei einem **gleichseitigen Zylinder** ist die Körperhöhe h genauso lang wie der Durchmesser d des Basiskreises.

REGEL

$$h = 2 \cdot r = d$$

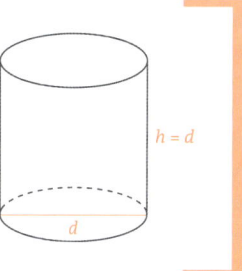

$h = d$

d

- Bei einem **gleichseitigen Kegel** ist die Länge der Mantellinie s genauso lang wie der Durchmesser d des Basiskreises.

REGEL

$$s = 2 \cdot r = d$$

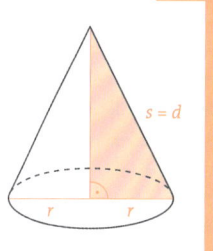

$s = d$

r r

Berechne das Volumen des gleichseitigen Zylinders mit dem Radius r = 8 cm.

$h = 2 \cdot r = 2 \cdot$ _____ = _____ cm

$V = r^2 \cdot \pi \cdot h =$ _____ $\cdot \pi \cdot$ _____ = 1024π cm³

Berechne das Volumen des gleichseitigen Kegels mit dem Radius r = 11 cm

$s =$ _____ = _____ $\cdot$ 11 = _____ cm

$h = \sqrt{s^2 -$ _____$} = \sqrt{22^2 -$ _____$} \approx$ 19,05 cm

$V = \dfrac{r^2 \cdot \pi \cdot h}{3} = \dfrac{\text{_____} \cdot \pi \cdot \text{_____}}{3} \approx$ 2 414,17 cm³

Wissen

278 Gegeben ist ein gleichseitiger Zylinder. Ergänze die Tabelle. Runde auf zwei Nachkommastellen.

r in cm	6			0,8
d in cm			18	
h in cm		20		
M in cm²				
O in cm²				
V in cm³				

279 Gegeben ist ein gleichseitiger Kegel. Ergänze die Tabelle. Runde auf zwei Nachkommastellen.

r in cm		20		
d in cm	14,2			62
s in cm			2	
M in cm²				
O in cm²				
V in cm³				

280 Kreuze die Formel an, mit der man den Inhalt der Mantelfläche M eines gleichseitigen Zylinders nur in Abhängigkeit von r berechnen kann.

$2 \cdot r^2 \cdot \pi$	$3 \cdot r^2 \cdot \pi$	$4 \cdot r^2 \cdot \pi$	$5 \cdot r^2 \cdot \pi$
☐	☐	☐	☐

281 Kreuze die Formel an, mit der man den Inhalt der Mantelfläche M eines gleichseitigen Kegels nur in Abhängigkeit von r berechnen kann.

$2 \cdot r^2 \cdot \pi$	$3 \cdot r^2 \cdot \pi$	$4 \cdot r^2 \cdot \pi$	$5 \cdot r^2 \cdot \pi$
☐	☐	☐	☐

282 Zeige die Gültigkeit der Formel.

a) Volumen des gleichseitigen Zylinders = $2 \cdot r^3 \cdot \pi$

b) Volumen des gleichseitigen Kegels = $\dfrac{r^3 \cdot \pi \cdot \sqrt{3}}{3}$

TEST

Online-Test
Finde heraus, ob du das Thema dieses Kapitels schon drauf hast. Einfach QR-Code scannen und los geht's!

© VERITAS Verlag Linz. – Durchstarten Mathematik 4. Klasse Mittelschule/AHS. Lernhilfe

1. Schularbeit

Schularbeitsstoff

- Terme
- lineare Gleichungen mit einer Variablen
- Binomische Formeln

1 Maschine A produziert a Werkstücke, davon sind 2 % fehlerhaft, Maschine B produziert b Werkstücke, davon sind 3 % fehlerhaft und Maschine C produziert c Werkstücke, von denen 0,9 % fehlerhaft sind.

/ 6 Punkte

a) Stelle eine Formel für die insgesamt fehlerhaften Werkstücke auf!

b) Berechne die Anzahl der fehlerhaften Werkstücke, wenn $a = 4\,000$, $b = 1\,500$ und $c = 3\,120$ ist.

2 Berechne die Potenzen der Binome!

/ 6 Punkte

a) $(-2a + b)^2 =$ **b)** $(-a - 5b)^2 =$

3 Berechne und vereinfache so weit wie möglich. Mache die Probe mit $a = 1$ und $b = 2$.

/ 4 Punkte

$(2a - b)^2 - 3 \cdot (2ab - b^2) + (a - b) \cdot (a + b) =$

4 Schreibe den Term $4x^2 - 4xy + y^2$ als Quadrat eines Binoms an.

/ 2 Punkte

5 Schreibe den Text in Form einer Gleichung an und bestimme die Lösung!

/ 6 Punkte

Ein Betrag von 450 Euro wird so unter vier Personen aufgeteilt, dass die zweite Person halb so viel wie die erste, die dritte halb so viel wie die zweite und die vierte halb so viel wie die dritte Person erhält. Wie viel Euro bekommt jede der vier Personen?

Bewertung	
23 bis 24 Punkte	Sehr gut
20 bis 22 Punkte	Gut
16 bis 19 Punkte	Befriedigend
unter 16 Punkte	Wiederhole die Stoffgebiete noch einmal, bei denen du die wenigsten Punkte erreicht hast.

/ 24 Punkte

GESAMT

2. Schularbeit

Schularbeitsstoff

- Bruchterme
- Gleichungen mit Bruchtermen

1 Zerlege den Zähler und den Nenner in Faktoren und kürze so weit wie möglich. Welche Zahlen dürfen für die Variable nicht eingesetzt werden?

/ 4 Punkte

$$\frac{x^2 - 1}{(x + 1)^2} = \underline{\hspace{3cm}} \qquad \frac{3x + 12}{x^2 - 16} = \underline{\hspace{3cm}}$$

2 Vereinfache den Bruchterm so weit wie möglich. Gib die Bedingung an, die erfüllt sein muss, damit der Nenner nicht Null wird.

/ 4 Punkte

$$\frac{2x - 3}{3x + 1} + \frac{1 - x}{x^2 - 1} = \underline{\hspace{3cm}}$$

3 Vereinfache so weit wie möglich. Welche Werte darf die Variable nicht annehmen?

/ 6 Punkte

$$\frac{5a^4}{-2b^3} \cdot \frac{3b}{2a^3} = \underline{\hspace{2cm}} \qquad \frac{x^2 - 2x + 1}{y^2} : \frac{x^2 - 1}{y} = \underline{\hspace{2cm}}$$

4 Löse die Gleichung und mache die Probe! Welche Zahlen dürfen für die Variable nicht eingesetzt werden?

/ 5 Punkte

$$\frac{x - 1}{x + 1} = \frac{x + 4}{x - 1}$$

5 Schreibe den Text in Form einer Gleichung und bestimme die Lösung!

/ 5 Punkte

Der Quotient von 8 und der um 3 verkleinerten Zahl ist derselbe wie der Quotient von 9 und dem um 5 vermehrten Dreifachen der Zahl. Bestimme die Zahl!

Bewertung		/ 24 Punkte
23 bis 24 Punkte	Sehr gut	**GESAMT**
20 bis 22 Punkte	Gut	
16 bis 19 Punkte	Befriedigend	
unter 16 Punkte	Wiederhole die Stoffgebiete noch einmal, bei denen du die wenigsten Punkte erreicht hast.	

3. Schularbeit

Schularbeitsstoff

- Menge der reellen Zahlen
- Kreisteile
- Kreis

1 Vereinfache durch partielles Wurzelziehen!

a) $\sqrt{112}$ **b)** $\sqrt{a \cdot b^4}$

/ 4 Punkte

2 Berechne die Kantenlänge des Würfels mit dem Volumen $V = 14{,}872$ m³.

/ 2 Punkte

3 Stelle dir die Erde als Kugel mit dem Radius 6 370 km vor. Ein mit 760 km/h fliegendes Flugzeug fliegt um den Äquator. Wie lange braucht das Flugzeug für einen Nonstop-Flug in 10 km Höhe?

/ 6 Punkte

4 Wie viel Prozent Abfall erhält man, wenn in eine quadratische Platte mit der Kantenlänge $a = 150$ mm ein kreisrundes Loch mit dem Durchmesser $d = 55$ mm gebohrt wird?

/ 4 Punkte

5 Berechne den Umfang und den Flächeninhalt eines Kreisrings mit einem inneren Durchmesser von 45 cm und einem äußeren Durchmesser von 51 cm.

/ 4 Punkte

6 Berechne den Radius einen Kreissektors mit der Bogenlänge $b = 84$ mm und dem Zentriwinkel $\alpha = 66°$.

/ 4 Punkte

Bewertung	
23 bis 24 Punkte	Sehr gut
20 bis 22 Punkte	Gut
16 bis 19 Punkte	Befriedigend
unter 16 Punkte	Wiederhole die Stoffgebiete noch einmal, bei denen du die wenigsten Punkte erreicht hast.

/ 24 Punkte

GESAMT

Üben

4. Schularbeit

Schularbeitsstoff

- Lehrsatz des Pythagoras in ebenen Figuren und Körpern

1 Berechne die Längen der fehlenden Kathete a und die der Hypotenuse c des rechtwinkligen Dreiecks mit dem Flächeninhalt $A = 574{,}2$ cm^2 und $b = 31{,}9$ cm.

/ 4 Punkte

2 Bestimme den Umfang und den Flächeninhalt des rechtwinkligen Dreiecks mit den Kathetenlängen 56 mm und 105 mm.

/ 4 Punkte

3 Bestimme die Längen der Katheten a und b eines rechtwinkligen Dreiecks mit den Hypotenusenabschnitten $q = 6{,}4$ cm und $p = 3{,}6$ cm sowie der Höhe $h = 4{,}8$ cm.

/ 2 Punkte

4 Die Diagonale eines Rechtecks ist 87 cm, eine Seitenlänge 63 cm. Berechne die andere Seitenlänge.

/ 4 Punkte

5 Eine Raute hat einen Flächeninhalt von 1 400 dm^2. Die Diagonale f ist 1,5-mal so lang wie die Diagonale e. Bestimme die Seitenlänge der Raute!

/ 4 Punkte

6 Ein Zelt hat die Form einer geraden quadratischen Pyramide mit der Körperhöhe $h = 1{,}8$ m und der Grundkantenlänge $a = 1{,}75$ m
a) Wie viel Zeltstoff (mit Boden) braucht man?
b) Wie lang ist einer der vier Zeltstäbe?

/ 6 Punkte

Bewertung		/ 24 Punkte
23 bis 24 Punkte	Sehr gut	**GESAMT**
20 bis 22 Punkte	Gut	
16 bis 19 Punkte	Befriedigend	
unter 16 Punkte	Wiederhole die Stoffgebiete noch einmal, bei denen du die wenigsten Punkte erreicht hast.	

5. Schularbeit

- Funktionale Zusammenhänge
- Lineare Gleichungssysteme

1 Ein KFZ fährt mit einer mittleren Geschwindigkeit von 90 km/h.   / 6 Punkte
- a) Stelle eine Wertetabelle für den nach 1, 2, 3, 4 und 5 Stunden zurückgelegten Weg (in km) auf!
- b) Wie lautet die Funktionsgleichung, die den zurückgelegten Weg (in km) in Abhängigkeit von der Zeit (in h) beschreibt.
- c) Berechne die Fahrzeit für 210 km!

2 Gegeben ist die lineare Funktion $y = -2x + 1{,}2$.   / 4 Punkte
- a) Gib die Steigung an und die Koordinaten des Punktes, in dem der Graf der Funktion die y-Achse schneidet.
- b) Zeichne den Grafen der Funktion.

3 Mache eine Wertetabelle und zeichne den Grafen der Funktion f / 4 Punkte
mit der Funktionsgleichung $y = \dfrac{2}{3 - x}$ im Intervall [0; 6].
Welchen Wert darf die Variable nicht annehmen?

4 Löse das Gleichungssystem mit dem Additionsverfahren und   / 4 Punkte
mache die Probe!
I: $\ x + 2y = 1$
II: $x + \ \ y = 5$

5 Stelle ein lineares Gleichungssystem mit zwei Variablen auf und   / 6 Punkte
bestimme die Lösung!
Addiert man zum Fünffachen einer Zahl das Siebenfache einer
anderen Zahl, erhält man 21. Subtrahiert man das Siebenfache der
zweiten Zahl vom Dreifachen der ersten Zahl, erhält man 35.
Berechne die beiden Zahlen!

Bewertung		/ 24 Punkte
23 bis 24 Punkte	Sehr gut	**GESAMT**
20 bis 22 Punkte	Gut	
16 bis 19 Punkte	Befriedigend	
unter 16 Punkte	Wiederhole die Stoffgebiete noch einmal, bei denen du die wenigsten Punkte erreicht hast.	

6. Schularbeit

Schularbeitsstoff

- Kegel
- Pyramide
- Zylinder
- Statistik
- Wahrscheinlichkeitsrechnung

1 Berechne den Oberflächeninhalt eines Kegels mit $r = 8{,}4$ cm und $h = 4{,}3$ cm.

/ 3 Punkte

2 Berechne die Länge des Radius r und den Oberflächeninhalt eines Zylinders mit dem Volumen $V = 920$ dm^3 und der Körperhöhe $h = 18$ cm.

/ 4 Punkte

3 In einer Klasse werden die Körpermassen in kg der Jugendlichen ermittelt:

52   52   50   55   57   61   51   57   59´   61   50

Bestimme das arithmetische Mittel, den Median und die Standardabweichung.

/ 6 Punkte

4 Ein achtseitiger Würfel wird einmal geworfen.
Gib zu den Ereignissen E_1, E_2 und E_3 die entsprechenden Ereignismengen an.
a) E_1: Die Augenzahl liegt zwischen 3 und 7.
b) E_2: Die Augenzahl ist eine Primzahl.
c) E_3: Die Augenzahl ist über 8.

/ 6 Punkte

5 In einer Schachtel befinden sich 7 weiße und 3 schwarze Kugeln, die sich bis auf die Farbe nicht unterscheiden. Helena zieht aus der Schachtel hintereinander zwei Kugeln. Die erste gezogene Kugel legt sie nicht wieder zurück.

a) Erstelle ein Baumdiagramm für den Zufallsversuch.
b) Bestimme die Wahrscheinlichkeit, dass Helena keine weiße Kugel zieht.
c) Bestimme die Wahrscheinlichkeit, dass Helena eine weiße und eine schwarze Kugel in beliebiger Reihenfolge zieht.

/ 5 Punkte

Bewertung		/ 24 Punkte
23 bis 24 Punkte	Sehr gut	**GESAMT**
20 bis 22 Punkte	Gut	
16 bis 19 Punkte	Befriedigend	
unter 16 Punkte	Wiederhole die Stoffgebiete noch einmal, bei denen du die wenigsten Punkte erreicht hast.	

7. Schularbeit

Schularbeitsstoff
▪ Zahlenmengen ▪ Gleichungen ▪ Rechnen mit Wurzeln ▪ Bruchterme ▪ Potenzen

1 Kreuze die Mengen an, in denen die Zahlen liegen. / 4 Punkte

	$\mathbb{N}$	$\mathbb{Z}$	$\mathbb{Q}$	$\mathbb{R}$
8				
−6				
$\sqrt{8}$				
−3,2				
$\sqrt{\dfrac{100}{4}}$				

2 Vereinfache die gegebenen Rechenausdrücke. / 4 Punkt

a) $\sqrt{x^2} \cdot \sqrt{y^2} = $ _____   **c)** $\sqrt{2} \cdot \sqrt{8x^2} = $ _____

b) $a \cdot \sqrt{25a^2} = $ _____   **d)** $\sqrt{81} : \sqrt{9x^2} = $ _____

3 Der Term $\left(-\dfrac{x^3}{2}\right)^2$ wurde umgeformt. Kreuze die richtigen Umformungen an. / 4 Punkte

$A \;\square\; -\dfrac{x^6}{4}$ $B \;\square\; \dfrac{x^6}{4}$ $C \;\square\; \dfrac{x^6}{2}$ $D \;\square\; 0{,}25x^6$ $E \;\square\; \dfrac{x^5}{4}$

4 Ein Grundstück soll bebaut werden. Für Parkplätze und Radabstellplätze wird ein Zehntel der Fläche benötigt, Wege nehmen ein Zwölftel der Fläche ein, die Grundfläche des Hauses selbst ist mit einem Viertel der Fläche angegeben. Es wurden 1 300 m² bebaut. / 4 Punkte

a) Stelle eine Gleichung auf, mit der die Gesamtfläche des Grundstücks berechnet werden kann!

b) Bestimme die Größe der einzelnen Anteile in m²!

Üben

5 Das Volumen V eines Drehzylinders mit dem Radius des Basiskreises r und der Körperhöhe h wird mit der Formel $V = r^2 \cdot \pi \cdot h$ berechnet.
Wie ändert sich das Volumen, wenn der Radius verdoppelt wird und die Körperhöhe halbiert wird?

/ 2 Punkte

6 Gegeben ist der Term $\frac{a^2 - a}{a^2 - 4} - \frac{2}{a + 2}$. Bringe den Term auf einen möglichst einfachen gemeinsamen Nenner und vereinfache den Zähler, wenn möglich. Gib die Zahlen an, die für die Variable nicht eingesetzt werden dürfen.

/ 6 Punkte

Bewertung	
23 bis 24 Punkte	Sehr gut
20 bis 22 Punkte	Gut
16 bis 19 Punkte	Befriedigend
unter 16 Punkte	Wiederhole die Stoffgebiete noch einmal, bei denen du die wenigsten Punkte erreicht hast.

/ 24 Punkte

GESAMT

Formelsammlung

ℝ ... Menge der reellen Zahlen

Darin sind die natürlichen, die ganzen, die rationalen und die irrationalen Zahlen enthalten.

Rechtwinkliges Dreieck:

$$A = \frac{a \cdot b}{2} = \frac{c \cdot h}{2}$$

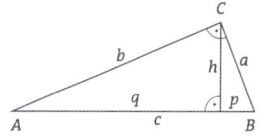

Satz des Pythagoras:

Die Summe der Quadrate der beiden Kathetenlängen (a und b) ist das Quadrat der Länge der Hypotenuse (c).

$a^2 + b^2 = c^2$

Rechteck: $u = 2 \cdot (a + b)$	$A = a \cdot b$	$d^2 = a^2 + b^2$
Quadrat: $u = 4a$	$A = a^2$	$d = a\sqrt{2}$
Gleichseitiges Dreieck:	$A = \dfrac{a^2 \cdot \sqrt{3}}{4}$	$h = \dfrac{a \cdot \sqrt{3}}{2}$; $u = 3a$
Gleichschenkliges Dreieck:	$A = \dfrac{a \cdot h_a}{2} = \dfrac{c \cdot h_c}{2}$	$a^2 = h_c^2 + \left(\dfrac{c}{2}\right)^2$
Parallelogramm:	$u = 2 \cdot (a + b)$	$A = a \cdot h_a = b \cdot h_b$
Raute (Rhombus):	$u = 4a$ $a^2 = \left(\dfrac{e}{2}\right)^2 + \left(\dfrac{f}{2}\right)^2$	$A = a \cdot h = \dfrac{e \cdot f}{2}$
Trapez: $u = a + b + c + d$ $m = \dfrac{a + c}{2}$	$A = \dfrac{(a + c) \cdot h}{2}$ $A = m \cdot h$	
Deltoid: $u = 2 \cdot (a + b)$	$A = \dfrac{e \cdot f}{2}$	
Quader: $O = 2 \cdot (a \cdot b + a \cdot c + b \cdot c)$	$V = a \cdot b \cdot c$	$D^2 = a^2 + b^2 + c^2$
Würfel: $O = 6a^2$	$V = a^3$	$D = a\sqrt{3}$
Gerade quadratische Pyramide:	$G = a^2$	$M = 2 \cdot a \cdot h_1$
	$O = a^2 + 2 \cdot a \cdot h_1$	$V = \dfrac{a^2 \cdot h}{3}$
	$h_1^2 = h^2 + \left(\dfrac{a}{2}\right)^2$	$s^2 = h^2 + \left(\dfrac{d}{2}\right)^2 = h_1^2 + \left(\dfrac{a}{2}\right)^2$

Üben

Gerade rechteckige Pyramide:	$G = a \cdot b$	$M = a \cdot h_1 + b \cdot h_2$
	$O = a \cdot b + a \cdot h_1 + b \cdot h_2$	
	$V = \dfrac{a \cdot b \cdot h}{3}$	
	$h_1{}^2 = h^2 + \left(\dfrac{b}{2}\right)^2$	$h_2{}^2 = h^2 + \left(\dfrac{a}{2}\right)^2$
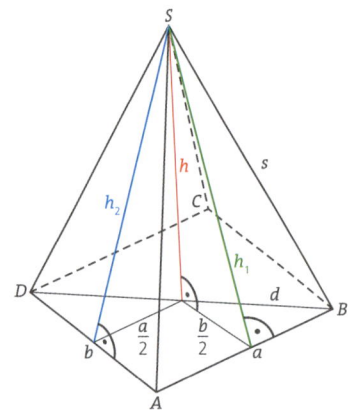	$s^2 = h^2 + \left(\dfrac{d}{2}\right)^2 = h_1{}^2 + \left(\dfrac{a}{2}\right)^2 = h_2{}^2 + \left(\dfrac{b}{2}\right)^2$	

Regelmäßiger Oktaeder:	$O = 2a^2\sqrt{3}$	$V = \dfrac{a^3\sqrt{2}}{3}$
Regelmäßiger Tetraeder:	$h = \dfrac{a \cdot \sqrt{6}}{3}$	$O = a^2\sqrt{3}$

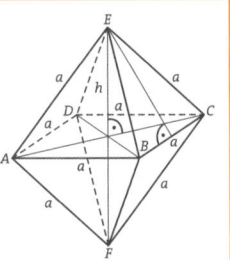	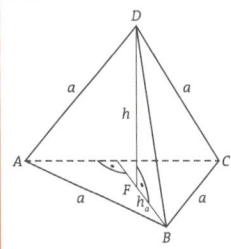	$V = \dfrac{a^3 \cdot \sqrt{2}}{12}$

Binomische Formeln:

$(a + b)^2 = a^2 + 2 \cdot a \cdot b + b^2$	$(a - b)^2 = a^2 - 2 \cdot a \cdot b + b^2$
$a^2 - b^2 = (a + b) \cdot (a - b)$	
$(a + b)^3 = a^3 + 3a^2b + 3ab^2 + b^3$	$(a - b)^3 = a^3 - 3a^2b + 3ab^2 - b^3$

Streumaße:

Spannweite = Maximum − Minimum	$R = x_{max} - x_{min}$
Mittlere absolute Abweichung vom Mittelwert:	
	$d = \dfrac{|x_1 - \bar{x}| + |x_2 - \bar{x}| + \ldots |x_n - \bar{x}|}{n}$
Varianz:	$s^2 = \dfrac{(x_1 - \bar{x})^2 + (x_2 - \bar{x})^2 + \ldots (x_n - \bar{x})^2}{n}$
Standardabweichung:	$s = \sqrt{\dfrac{(x_1 - \bar{x})^2 + (x_2 - \bar{x})^2 + \ldots + (x_n - \bar{x})^2}{n}}$

Üben

Lageparameter:

Mittelwert = $\bar{x}$ = $\dfrac{\text{Summe der Messwerte}}{\text{Anzahl der Messwerte}}$

Modalwert (Modus): Der in einer Datenreihe am häufigsten vorkommende Wert

Median (Zentralwert): Wert, der in der Mitte einer geordneten Datenreihe steht

1. Quartil: Median der ersten Datenhälfte einer geordneten Datenreihe

2. Quartil: Median der gesamten geordneten Datenreihe

3. Quartil: Median der zweiten Datenhälfte einer geordneten Datenreihe

Kreis:

$u = d \cdot \pi = 2r\pi$	$A = r^2\pi = \dfrac{d^2 \cdot \pi}{4}$	$d = 2r$

Kreissektor:

$b = \dfrac{r \cdot \pi \cdot \alpha}{180}$	$u = 2r + b$	$A = \dfrac{r^2 \cdot \pi \cdot \alpha}{360} = \dfrac{b \cdot r}{2}$

Zylinder:

$M = 2r\pi h$	$O = 2r^2\pi + 2r\pi h$	$V = r^2\pi h$

Kegel:

$M = r\pi s$	$O = r^2\pi + r\pi s$	$V = \dfrac{r^2\pi h}{3}$

DURCHSTARTEN LERNHILFEN –
FÜR GUTE NOTEN UND EIN ENTSPANNTES FAMILIENLEBEN!

VERITAS hat sich mit der (Weiter-)Entwicklung der Durchstarten-Lernhilfen das Ziel gesetzt, allen Schüler:innen in Österreich – von der Volksschule bis zur Matura – **gute Noten** und **nachhaltigen Lernerfolg** zu ermöglichen und dadurch für weniger Stress in der Familie und der Schule zu sorgen. Somit tragen die Durchstarten-Lernhilfen auch zu einem **entspannten Familienleben** bei.

ÖSTERREICHISCHER **LEHRPLAN**

Unsere Leitlinien

- Digitale Inhalte und Funktionen, wie zum Beispiel das Anhören von Hörverständnisübungen am Smartphone, werden dort eingesetzt, wo sie das **Lernen sinnvoll unterstützen**.

- Die Durchstarten-Lernhilfen werden **von erfahrenen Pädagog:innen/Lehrer:innen entwickelt**.

- Wir orientieren uns an den aktuellen **Anforderungen des österreichischen Lehrplans** und unterstützen dadurch die **bildungsrelevanten Ziele Österreichs**.

- Die Lernhilfen können **unabhängig vom jeweils verwendeten Schulbuch** eingesetzt werden.

- Bei der Produktentwicklung legen wir den Fokus auf die Anforderungen und Wünsche der Verwendergruppen – also **Schüler:innen, Lehrer:innen und Eltern**.

Nutzen für Schüler:innen, Lehrer:innen und Eltern:

Schüler:innen

mehr Lernerfolg/bessere Noten bei geringerem zeitlichem Übungsaufwand und somit mehr Freizeit und weniger Probleme mit Eltern und/oder Lehrer:innen

bildstadt, Linz

Lehrer:innen

Sicherheit, immer das passende lehrwerksunabhängige, aber lehrplankonforme Übungsmaterial zu haben (z. B. für die **Differenzierung**)

VERITAS-Verlag, Linz

Eltern

entspanntes Familienleben (kein Schul-/Notenstress), **Zeitersparnis beim Üben** und Unterstützung beim **Home-Schooling**

bildstadt, Linz

Mehr Infos unter: www.durchstarten.at